MHK

（四级）

短期强化教程

听力分册

吴春仙 编著

北京语言大学出版社
BEIJING LANGUAGE AND CULTURE UNIVERSITY PRESS

图书在版编目（CIP）数据

MHK（四级）短期强化教程．听力分册／吴春仙编著．-- 北京 ：北京语言大学出版社，2005（2019.1 重印）
ISBN 978-7-5619-1428-1

Ⅰ．①民… Ⅱ．①吴… Ⅲ．①汉语－听说教学－少数民族教育－水平考试－教材 Ⅳ．① H19

中国版本图书馆 CIP 数据核字（2005）第 041306 号

MHK（四级）短期强化教程 听力分册
MHK(SI JI)DUANQI QIANGHUA JIAOCHENG TINGLI FENCE

排版制作：北京创艺涵文化发展有限公司
责任印制：包 朔

出版发行：北京语言大学出版社
社　　址：北京市海淀区学院路 15 号，100083
网　　址：www.blcup.com
电子信箱：service@blcup.com
电　　话：编 辑 部　8610-82303390
　　　　　国内发行　8610-82303650/3591/3648
　　　　　海外发行　8610-82303365/3080/3668
　　　　　北语书店　8610-82303653
　　　　　网购咨询　8610-82303908
印　　刷：北京虎彩文化传播有限公司

版　　次：2005 年 6 月第 1 版　　印　　次：2019 年 1 月第 6 次印刷
开　　本：787 毫米 × 1092 毫米 1/16　　印　　张：6.75
字　　数：147 千字
定　　价：14.00 元

PRINTED IN CHINA

编者的话

根据MHK（四级）大纲，听力理解主要考查学生在学习、工作和社会交往中的听力理解能力，同时考查考生的听后书面记录能力。听力材料为用普通话以正常语速或稍快语速进行的对话或讲话。要求考生不仅能听懂有关日常生活、社会生活的交谈或讲话，还要能听懂内容较为复杂、抽象，带有一定专业性的解说、报道，同时还要能准确地将所听到的具体内容写出来。

听力理解测验由两部分组成：

第一部分为客观性考试，共10题。这部分试题的考试过程为：在播放完每段话之后，考生将听到几个问题，应从试卷上所提供的4个选项中选出最恰当的答案，然后在答卷上找到相应的题号并在代表所选答案的字母上画一横道。每题的答题时间为10～15秒。

第二部分为半主观性考试，共20题。这部分试题的考试过程为：在播放完每段话之后，考生将听到几个问题，应使用铅笔将回答内容写在答卷上的空行中。每题的答题时间约为30秒。

《大纲》还规定，四级考试笔试达标且听力成绩达到70分者，才有资格报名参加四级口试。

如何在最短的时间内最大限度地得到四级听力考试的高分？本书指导你抓住三个关键：**一是了解各种题材的段落规律；二是把握四级听力考试的出题思路；三是熟练掌握不同题型的解题技巧。**在听力测试中，无论从题材还是从难度上，段落的选择都是广泛的。但这并不是说听力考试无规律可循。

本书从题型和段落分类的角度，进行“对症下药”式的解析和训练。作者精选并详解了十类，共十八个重点段落。通过对段落规律的分析，帮助考生迅速抓住不同段落类型的结构特点和此种段落经常涉及的话题。同时，本书强调对出题思路的把握，不同类型的段落，出题思路各不相同，而同一类型的段落，出题思路却基本一致。基于这一点，本书指导考生如何在听到一个段落时检索出与考点有关系的信息，做到有“目标”地去听、去记。对于重点题型，本书重点剖析解题思路和原则，如何把握解题技巧，抓住答案标志，如何发现可能作为答案的句子并记录下来。为提高考生的应试技巧，本书安排了有针对性的实战训练。紧跟每一种段落的解析，安排了若干段各种类型的段落听力练习，目的是让考生趁热打铁，巩固刚刚学到的段落解题技巧。根据前面部分的讲解，本书作者精心编写了九套练习题，以使考生在这些实战训练中把前面学到的东西融会贯通，做到以“不变应万变”，最终能够快速地突破四级听力这个薄弱环节。

编　者

2005 年 5 月于北京语言大学

目　录

第一单元　题型归纳

一、态度题：包括段落中对人或对事件的态度。

1. 选项特点：四个选项一般为短而整齐的表示态度的词，例如：

A. 宽容　　B. 钦佩　　C. 失望　　D. 鼓励

表示态度或语气的词常见的有：生气、埋怨、后悔、遗憾、赞成、羡慕、赞叹、谅解、吃惊/惊讶、意外、怀疑、庆幸、无所谓、不在乎、漠不关心、坚决、厌恶、矛盾等。

2. 常见问法：问题中含有“态度”一词，例如：妻子对丈夫是什么态度？对环境污染，作者是什么态度？

二、地点题

1. 选项特点：四个选项多为表示地方、处所或方位的名词或介词短语。例如：

（1）A. 国外　　B. 东北　　C. 西部　　D. 南方

（2）A. 在口袋里　　B. 在座位下　　C. 在家里　　D. 被偷走了

（3）A. 公司　　B. 家里　　C. 医院　　D. 路上

2. 常见问法：问题中常包含“哪儿”、“哪里”、“什么地方”等询问地点的词语，例如：刘亦强在哪里工作？他的钱包在哪儿？

三、动作行为题

1. 选项特点：四个选项常为动词短语，表示做什么或做了什么。例如：

（1）A. 借钱　　B. 找工作　　C. 借高中文凭　　D. 找住的地方

（2）A. 回老家去　　B. 去找大公司

C. 去找普通的工作　　D. 去首饰公司应聘

2. 常见问法：问题中常含有“做/干什么”或“做/干了什么”。例如：刘亦强去找同学干什么？同学劝他干什么？

四、原因题

1. 选项特点：四个选项一般为四个完整的句子，有时候选项中含有“原因”“因为”“为了”等字眼。但有时候选项为四个动词性短语。例如：

（1）A. 因为人类对鸟类更加友善了　　B. 其真正原因还有待进一步研究

C. 这样他们可以更轻松地获得食物　　D. 富人区公园的环境更适合它们

（2）A. 调查他的能力水平　　B. 了解他的成长经历

C. 核实他是否是大学生　　D. 向他的学校表示感谢

2. 常见问法：问题中含有“为什么”或“原因是什么”。例如：鸟类为什么变得“势利”了？公司为什么给他原来的学校打电话？

五、特点题

1. 选项特点：这类题型要求回答某事物的特点，包括优缺点或某种表现。四个选项可能为四个完整的句子，例如：

   A. 建国时间大致相同　　B. 鸟的种类都非常多

   C. 分布在贫富不同的社区　　D. 生态环境都不十分理想

2. 常见问法：经常问什么东西有什么特点，什么优点或缺点，有什么表现等。例如：这段话中谈到的15座社区公园有什么特点？这种汽车最大的优点是什么？

六、方式题

1. 选项特点：四个选项常为表示方式的动词短语。例如：

   （1）A. 走着去　　B. 骑自行车　　C. 坐公共汽车　　D. 开车去

   （2）A. 通过卫星电话　　B. 通过手机

   　　C. 发射求救信号弹　　D. 偶然被经过船只发现的

2. 常见问法：问题中常含有“怎么”“什么方式”等字眼，例如：以前作者每天怎么去上班？这些船员是怎么同外界取得联系的？

七、数字题

1. 选项特点：选项为四个数字或具有相同量词的四个数量短语。数字题一般涉及时间、年龄、价钱、数量、电话号码等。例如：

   （1）A. 300元　　B. 260元　　C. 450元　　D. 380元

   （2）A. 100辆　　B. 2000辆　　C. 500辆　　D. 1500辆

   （3）A. 3287465　　B. 3824765　　C. 3826745　　D. 3284675

2. 常见问法：问题中含有“多少”“几”等询问数量的字眼。例如：这次事故有几名船员获救？话剧团今年打算招收多少新职员？

八、名称题

1. 选项特点：四个选项均为人名、单位团体名称或表示职业或身份的词语。例如：

   （1）A. 演员　　B. 售货员　　C. 主持人　　D. 记者

   （2）A. 演戏　　B. 销售　　C. 主持节目　　D. 采访

2. 常见问法：说话人最喜欢的职业是什么？说话人是做什么工作的？是谁为这次事故提供救援的？

九、观点题

1. 选项特点：要求选择或回答某人对他人的看法、观点是什么。选项为评价性词句或判断性词句。例如：

   A. 丈夫只会修理小毛病　　B. 丈夫的修理技术非常好

   C. 丈夫的修理技术一塌糊涂　　D. 丈夫的修理技术时好时坏

2. 常见问法：问题中一般含有“以为”“认识”等字眼。例如：说话人认为自己的父亲怎么样？对于“无过错”旧的认识是什么？作者认为王先生是个什么样的人？

十、主题题

1. 选项特点：主题题考的是对整个段落的理解，答案可能是对全文的概括总结，也可能是位于段落开头或结尾的原句。因此，选项没有固定模式，有的是名词短语，有的可能是完整的句子。
2. 常见问法：问题中常含有“主要内容”这样的字眼。例如：这段话主要谈什么内容？这段话的主要内容是什么？

十一、结论和结果题

1. 选项特点：主要考查从所听段落可以取得什么样的结论或文中提到的某个事物的结果。选项多为动词性短语或完整的句子。例如：

   A. 被大夫扔了　　B. 当废品卖了

   C. 丈夫勉强修好了　　D. 送到修理部修好了
2. 常见问法：这段话告诉我们什么？这个研究的结论是什么？

十二、事件题

1. 题型特点：事件题考查的是事件的内容，选项可能是说明事件的陈述句，也可能是表示事件的名词或名词性短语。例如：

   A. 不能进剧团唱戏　　B. 父亲不帮助他

   C. 儿子被严重摔伤　　D. 他的演出不受欢迎
2. 常见问法：问题中常含有“什么事”、“什么问题”这样的字眼。例如：对说话人影响最大的挫折是什么？这艘渔船发生了什么问题？什么事让李先生觉得奇怪？

十三、词句题

1. 题型特点：词句题考查的是考生对某个词、俗语或句子在一定语言环境中的理解。
2. 常见问法：经常问某个词或某句话是什么意思，或某个词句在该段落中说明什么问题。例如：“他准能把聋子修成哑巴”这句话是什么意思？“沼泽地”被用来比喻干部管理体制的什么弊端？

十四、建议题

1. 题型特点：选项中常有“应该”“不要”这样的表示建议或劝阻的词语。例如：

   A. 应该帮助别人　　B. 应该尊敬老人

   C. 应该小心小偷　　D. 应该真诚待人
2. 常见问法：问题中可能会有“建议怎么做”或“不要怎么做”等。例如：专家建议，给婴儿拍照要注意什么？这段话告诉我们什么？

十五、比较题

1. 题型特点：段落中提到两个或两个以上的事件，要求考生选择或写出最有特点的一个。有时候段落中有明显标志“最”，有时候要通过段落中的事实自己作出比较。

2. 常见问法：问题中常含有“哪一个”、“最”等字眼。例如：根据这段话，哪类人洗澡时容易发生危险？给作者印象最深的是哪个地方？

第二单元　段落分类讲解

听力测试虽然分为两部分进行，但除了答题方式不同以外，二者对段落的选择和出题思路并无区别，因此，本章段落分类讲解中的内容对两部分都是适用的。

第一课　事故类段落

一、段落规律

1. 此类段落经常以新闻报道的形式出现。为此，应该了解新闻报道的结构。一般为简要的开头——详细的介绍和说明——事情的结果或影响。
2. 此类段落常考的问题为：什么时间，在哪儿，发生了什么事故，事故原因是什么，造成的人员伤亡和经济损失，以及救援情况（例如救援单位，救援方法和结果）。
3. 事故内容包括交通事故和灾害事故。其中交通事故有飞机失事、轮船沉没、汽车追尾和火车出轨等。灾害包括火灾、地震、洪水、泥石流、山体滑坡、煤矿瓦斯爆炸等。
4. 听这类段落应做到两点：（1）注意听开头的句子。开头的一两句话常包含最重要的信息，如时间、地点、原因、事故类型、造成的损失情况等。（2）边听边记。开头的句子信息较集中，不易一下子完全记下来，可只记下听到的准确信息，在随后的详细介绍中，上述信息会一一再现，听到一个记下一个。

二、例题解析：（大纲样题第 11—14 题）

［4］驻沪海军某部一艘舰艇，昨天上午在长江口 59 号灯塔附近海域成功抢救了一艘因主机失去动力、在海上漂泊了 5 天的渔船，［3］船上 7 名连云港渔民全部脱离生命危险。

这艘名为“苏·灌鱼 12126”的渔船本月上旬从连云港来到上海。17 日，他们在长江口进行捕捞作业时，［1］渔船的螺旋桨缠上渔网，致使主机丧失了动力。船上惟一一个与外界联系的高频电话也出现了故障，手机又没有信号，一时无法与外界取得联系。

22 日早晨 7 时多，［2］当水尽粮绝的渔民抱着最后一丝希望拨打手机时，惊奇地发现手机有了信号，才终于与外界取得了联系。

昨天上午 8 时 45 分，［4］驻横沙岛海军某部接到通知后，紧急派遣一艘舰艇出航，经过一个多小时的艰难航行，终于赶到出事地点。

在海军舰艇的全力抢救下，［3］7 名船员安全脱险，渔船也被拖到海军码头。

［1］这艘渔船发生了什么问题？

答案：渔船的螺旋桨缠上渔网，致使主机丧失了动力。

解析：原因题，实际上问的是这艘渔船的事故原因，［1］处为答案。

[2] 这些船员是怎么同外界取得联系的?

答案:通过手机与外界取得了联系。

解析:方式题+重复词语,文章中只出现高频电话和手机两种联系方式,高频电话出现了故障,随后反复提到"手机",[2] 处为答案。

[3] 这次事故有几名船员获救?

答案:7 名。

解析:数字题,所听即所得,且这一数字出现两次,[3] 处为答案。

[4] 是谁为这次事故提供援救的?

答案:海军某部。

解析:名称题,为这次事故提供救援的单位名称,文中出现两次,[4] 处为答案。

第二课 社会形势类段落

一、段落规律

1. 此类段落主要谈论老百姓生活水平的提高和某种体制、制度或社会现象、潮流的新变化,新趋势。
2. 此类段落经常对比新旧体制、现象等的不同表现以及人们的认识或态度,这也是此类段落常考的问题。
3. 解题技巧:注意听文中出现的时间标志词、对比词及其相对应的表现、人们的认识等。如过去/以前;现在/如今;今后/将来;新的/旧的等。

二、例题解析

例题 1

中组部在深圳龙岗区等地试行的"处级科级干部引咎辞职和投票表决制度"成了一个信号,中国的干部不再是终身职业,在任期内不干出点儿事来,你的饭碗就端不牢了。

该区制定的名为《关于处级领导干部引咎辞职的暂行规定》中的内容,对许多人来说肯定是头一次听说。这个制度规定,处级、科级干部由于个人能力不够、自身行为不当或因工作失误造成较大损失或影响的,不宜继续担任领导职务。其中还具体列举了应当引咎辞职的 10 种情况,包括因自身工作能力差等原因完不成任期工作目标、无明显政绩、社会公论差、民主测评"不称职"票超过 30%等情况。

据悉,目前龙岗区已经有两个干部引咎辞职。

推行引咎辞职引起很大反响。一些干部说,推行干部引咎辞职制度,好像一场地震,触动很大。今后,再不能满足于做一个"太平官"了。一位目睹引咎辞职过程的机关干部对此感触颇深。[1] 以前,有些干部上班一杯茶、一张报纸打发时间;现在上班报个到,就下基层了解情况,解决问题。以前每周学习,很少有人到;现在,几乎周周满员,机关工作作风焕然一新。

[2] 有人用"沼泽地"来比喻我国现行干部管理制度的弊端,说这种体制就像一个人进去

了就出不来的沼泽地，干部能进不能出，能上不能下。引咎辞职制就是在沼泽地上撕开一个小口子，它的意义是探索干部能上能下的路子。另外，以前我们干部管理体制往往是“无过错”就不会遭辞退，现在应重新认识什么叫“无过错”。[3] 工作追求四平八稳，认为只要纪检委不找我，群众不来吵闹就是好干部，就是“无过错”，这种想法过时了。

一位长期从事行政管理研究的教授指出，尽管现在干部引咎辞职制度都停留在县处级甚至科级这样的层面上，但这至少给了我们一个信号，中国的干部任用制度已经发生了巨大的转变，而引咎辞职制正是这种巨变的开端。

[1] 过去有些机关干部上班是什么表现？

答案：过去有些机关干部上班一杯茶、一张报纸打发时间。

解析：特点题。问的是某事物的特点或表现，[1] 处为答案。注意原文中的提示词“以前”与问题中的“过去”相对应。

[2]“沼泽地”被用来比喻干部管理体制的什么弊端？

答案：用“沼泽地”来比喻我国现行干部管理体制就像一个人进去了就出不来的沼泽地，干部能进不能出，能上不能下。

解析：词句题。这里运用了比喻这一修辞方法，应抓住“沼泽地”与我国现行干部管理体制的共性，[2] 处为答案。

[3] 对于“无过错”，旧的认识是什么？

答案：工作追求四平八稳，认为只要纪检不找我，群众不来吵闹就是好干部。

解析：观念/观点题。人们对某事的认识、看法、想法及其变化。这是社会观念题材中典型的问法之一，[3] 处为答案。

[4] 这段话主要谈什么内容？

答案：中国的干部任用制度已经发生了巨大的转变，而引咎辞职制正是这种巨变的开端。

解析：主题题。结尾原句作答，[4] 处为答案。

例题 2

当你再对孩子说“乖，听话”的时候，请三思。为什么这样呢？

中国的孩子在成长过程中从父母那里得到的最多教导恐怕就是“听话”二字。然而，多数心理学家认为，[1]“听话”的儿童不是没有问题，而是不敢或很少提出问题，并常常压抑自己，这样很容易成为问题儿童。近年来的许多调查发现，“好学生”发生心理问题甚至出走或自杀的比例远远高于淘气的学生。

据专家介绍，[2] 7至15岁正是孩子社会认知、道德判断、演绎归纳、价值观念等思维能力的形成时期，这个时期的孩子喜欢观察、幻想和假设。[3] 家长和老师应该鼓励孩子多提问题，甚至提出与成年人相反的观点，这样才能更好地了解孩子，同时培养孩子的认知能力和学习的内在动力。

不久前结束的全国城市独生子女人格发展调查发现，在被看做“听话”的孩子中，自述胆小的占 34.3%，不爱提问题的为 38.8%，对创造发明不感兴趣的为 27.5%。而以素质教育著称的湖南省汨罗市的学生在发明创造、爱提问题、热爱学习等方面的得分都高于其他城市接受应试教育的学生。[4] 据介绍，这里的家长和老师都不提倡传统观念上孩子的“听话”，他们鼓励孩子对事物提出自己的看法，培养孩子的想像力和创造力。几年前冰心老人说过的一句话送给家长和老师们：“淘气的男孩是好的，淘气的女孩是巧的。”

[1] 心理学家认为，“听话”的儿童存在着哪些问题？

答案：听话的儿童不敢或很少提出问题，并常常压抑自己，这样很容易成为问题儿童。

解析：观点题＋特点/表现题，含有观点题中的关键词“认为”，[1] 处为答案。

[2] 7 至 15 岁的孩子有什么特点？

答案：7 至 15 岁正是孩子思维能力的形成时期，他们喜欢观察、幻想和假设。

解析：特点/表现题，[2] 处为答案。

[3] 家长和老师为什么应该鼓励孩子多提问题？

答案：这样才能更好地了解孩子，同时培养孩子的认知能力和学习的内在动力。

解析：目的题。具有典型的表目的的语言表达方式“……应该（如何做），这样才能……”[3] 为答案。

[4] 湖南省汨罗市的家长和老师提倡什么样的教育观念？

答案：他们不提倡传统观念上孩子的“听话”，而是提倡素质教育，鼓励孩子对事物提出自己的看法，培养孩子的想像力和创造力。

解析：观念题。有提示观点、观念的关键词“提倡”，[4] 处为答案。

第三课　人物生平类段落

一、段落规律

1. 人物生平类段落主要以时间顺序谈论主人公的生平经历，会涉及职业、爱好、身份、贡献、对主人公影响最大的人或事件，以及主人公对人或事件的认识和评论。
2. 解题技巧：如果文中出现人名，应注意对该人名的修饰语（如其前面的形容词）。注意文中用词强度较大的部分，如“最”或较强烈的形容词，这往往和某个具体事件相关。

二、例题解析

例题 1

我今年 46 岁，出生在一个艺术之家，父亲曾是辽宁人艺院长，妈妈曾是演员。长年的耳濡目染，[1] 我爱上了演戏这一行。

“文革”爆发，我的美好理想破灭。1969年，我随父母到农村插队落户。东北的农村，冰天雪地，晚上没有电，黑乎乎的；一点也不美。[2.1] 爸爸很沉着地对我说，现在这里就是我们的家了，我们要在这里好好生活。他教会我如何面对艰难，随遇而安。

17岁那年起，我到西藏当了3年兵，退伍后当过舞蹈演员，也开过车，当过搬运工。但我骨子里仍然喜欢表演，后来我考上了福州军区话剧团。

1984年我离开福州，回到沈阳，父亲已落实政策。[2.2] 父亲是个特廉洁的老干部，他不允许我依靠他的关系进辽宁人艺。我当时也挺倔，就分配到司法局，在劳教所当了一名司法干警。

在司法局的4年间，我曾借调到八一电影制片厂，拍了《草地》和《闪电行动》两部电影。我珍惜每一次机会，默默地做着各方面的准备，从各方面积累。我相信，终有一天观众会接受我的！

然而，人有时经历的挫折是刻骨铭心的，这种挫折足以毁灭一个人。在我拍电影《金戈铁马》期间，[3] 传来我13岁的儿子不幸摔伤，抢救无效死亡的噩耗。当时的我如五雷轰顶，万念俱灰。我甚至想从此退出自己心爱的表演领域。

我躲开人群，一个人到森林中去，让自己的心渐渐平静下来。在大自然的怀抱中，我慢慢清醒了。1989年，我凭借自己的实力，调到了沈阳话剧团。我主演的话剧《喧闹的夏天》荣获了辽宁省首届话剧表演一等奖。这部戏对我而言，是人生的一次大转折：我又回到了艺术这一行。

[1] 说话人最喜欢的职业是什么？

答案：表演（演戏）。

解析：爱好、职业是人物生平类段落常出现的考点，[1] 处为答案。

[2] 说话人认为自己的父亲怎么样？

答案：沉着、廉洁。

解析：观点题。这里考的是对某人的评价，用文章中的原因作答，只是如果在文章中多处出现评价的词句，回答时应注意综合，[2.1] + [2.2] 为答案。

[3] 对说话人影响最大的挫折是什么？

答案：13岁的儿子不幸摔伤，抢救无效死亡。

解析：事件题。人物生平类文章常考对某人影响最大的事件，注意原文中所用程度较重的词，如本段中的“刻骨铭心”，[3] 处为答案。

例题 2

李民是北京市房山人，[1] 今年50岁。小儿麻痹的后遗症给他的生活和精神留下了痛苦的烙印，这也养成了他坚毅的性格。终于，他用双手实现了他人生的价值——修鞋，他一干就是22年。

身有残疾的李民自1980年操持起修鞋至今，风里来雨里去，遍尝酸甜苦辣，[2] 渐渐地他以娴熟的技术、热情的服务，引来了众多的顾客。有的人宁愿多跑上几里路也要找他修，图个啥，他从不"宰"人，而且手艺好呀！李民就这样凭着自己的修鞋手艺，在良乡地区同行中赢得了美誉。

当了修鞋组长的李民，总是垂范在先，服从管理。记得一次，街面不让摆摊设点，修鞋组被安排到了医院附近。地面高低不平，碎砖遍地。李民主动带领其他人对新环境进行了改造，由于小组成员中大部分都有不同程度的伤残，几个人整整忙了一天，有的人有了情绪。李民看在眼里，忙给大家鼓劲道："这些活正常人干着都费劲，咱们就更难了，但咱们身残志不残，别人能干的，咱们就能干。"李民的话感动了大家。这样他们组在李民的带动下，先后多次迁址，大家都能依法经营，照章纳税，得到了工商、交通、市容等部门的高度评价。

十几年来，李民带动修鞋小组成员，还积极参与公益事业。每年在教师节和学雷锋活动中都能见到他的身影。一次，在良乡二小，他们小组一天就为教师修鞋 60 多双。

［3］李民身为残疾人，却用一颗热心面对人们，努力营造着一种精神。李民和他的小组，多次被评为区级先进个体工商户和先进小组。李民以他的行动告诉了人们，他虽身有残疾，却是一个精神上的富有者。

［1］李民开始从事修鞋这种职业时有多大？

A. 22 岁　　B. 50 岁　　C. 28 岁　　D. 24 岁

答案：C

解析：数字题，问的是年龄，原文说"他今年 50 岁……他一干就是 22 年"，由此得知他开始从事这种职业时是 28 岁。［1］处为答案。

［2］为什么他能引来众多的顾客？

A. 因为他是残疾人　　B. 他的手艺好，服务热情

C. 其他修鞋的摊儿离得都很远　　D. 因为他是修鞋组长

答案：B

解析：原因题，［2］处为答案。

［3］作者对李民的态度如何？

A. 瞧不起　　B. 赞扬　　C. 冷漠　　D. 同情

答案：B

解析：态度题，整个文章中，作者都以积极的笔调来介绍李民和他的职业，从文章最后一句"李民以他的行动告诉了人们，他虽身有残疾，却是一个精神上的富有者"可知，作者持赞扬的态度。［3］处为答案。

第四课　生物学段落

一、段落规律

此类段落涉及的领域很广，其中包括动物学、植物学、微生物、海洋生物学等各方面的内容。生物学段落喜欢涉及的话题包括：

1. 生物的习性和特点及形成这一习性和特点的原因；
2. 这一特点在医院和人们生活中的应用；
3. 濒危物种濒临灭绝的原因：包括自然原因和人为原因（过量捕杀、人为原因造成环境破坏 不再适宜动植物生存）；
4. 对濒危物种的拯救措施（包括人工繁殖和培育，恢复被破坏的环境）。

二、例题解析

例题 1

最近的两项科学研究表明，鸟类似乎有挑选住处的本事。科学家对一种京燕进行了跟踪研究，结果发现新婚的京燕夫妇在速择筑巢孵蛋的地点时，往往会参照其他鸟类的经验。[1] 如果某片树林中的其他鸟类的雏鸟数量多而且健壮，京燕夫妻也会在这里安家。科学家由此得出结论，“生殖成功”是鸟类选择栖息地的重要标准。

为了验证这一猜想，科学家分别进行了两次试验。他们将出生只有七天的小鸟搬到别的鸟巢中，人为地造成某片树林适合鸟类生儿育女的假象，结果真有越来越多的京燕来这里筑巢产蛋。负责这项研究的科学家认为，这一现象说明鸟类懂得收集“公共信息”，它们的认知能力要比我们以前认为的复杂得多。

而另一项由某大学主导的研究表明，鸟类似乎变得“势利”了，因为它们开始“嫌贫爱富”。研究人员对 15 座社区公园的生态环境行了调查，[2] 这些公园有许多共同点，如它们都位于郊区，都有草坪、运动场和许多树木，主要区别是它们分布在贫富不同的社区。

研究人员发现，富人区公园里的鸟的种类要远远多于中低收入社区公园鸟的种类。这一发现让研究人员深感迷惑，因为以往的研究结果显示，影响鸟类分布的关键因素是树木的大小和种类，鸟类喜欢居住在枝繁叶茂、树种多样的地方。而中低收入社区公园由于建园较早，正好符合这种条件。科学家推测这一变化也许与附近人们的生活方式有关，例如富人区公园有更多的投食者，附近有更多的宠物吃剩的剩饭等鸟类的食物来源，[3] 但它的真正原因还有待进一步研究。

[1] 京燕选择筑巢孵蛋时的一个重要参照是什么？

A. 有钱人比较多　　B. 气候适合小鸟生长

C. 植物枝繁叶茂，树种多样　　D. 其他鸟类的雏鸟数量很多

答案：D

解析：生物学段落，尤其是有关动物的段落，应特别注意动物的习性特点，其前边往往有“研究结果”“发现”等标志性词语，[1] 处为答案。

[2] 这段话中谈到的 15 座社区公园有什么特点？

A. 建园时间大致相同　　B. 鸟的种类都非常多

C. 分布在贫富不同的社区　　D. 生态环境都不十分理想

答案：C

解析：特点题，注意标志性词句“这些公园有许多共同点”，［2］处为答案。

［3］鸟类为什么变得“势利”了？

A. 因为人类对鸟类更加友善了

B. 其真正原因还有待进一步研究

C. 这样它们可以更轻松地获得食物

D. 富人区公园的环境更适合它们生活

答案：B

解析：原因题，原文虽有些解释，但只是科学家的推测，并无定论，原文用转折句“但它的真正原因还有待进一步研究”来结束对这一问题的讨论，［3］处为本题的答案。

例题 2

最近的研究显示，蛇的毒液中含有一种自然成分可以有效抑制癌瘤的生长，这是将自然中最致命的毒素转化为一种医疗用品的典型实验。自然毒素研究者说：［1］“蛇用毒素来改变身体官能，这与药物作用的原理一致，这就是为什么蛇毒一直是医药研究者的一大兴趣所在的原因。”

科学家表示，现今有十多种诊断测试和药物都来源于蛇毒。世界上有三千多种蛇，其中约六百五十种是有毒的，而几种剧毒蛇的栖息地很接近，这是进行新实验的一个有利基础。生物学家目前正在开展一项调查，以确定毒液中的毒素是否能有效抑制毒瘤生长。

毒液是极其精巧的一个综合体，由上百种不同的缩氨酸、酶和毒素构成，而且并非仅仅不同种类蛇的毒素不同，即便是同种蛇之间也存在细微的差异。［2］科学家发现，成年蛇和幼年蛇的毒素之间存在差异，甚至不同地区的同种蛇之间也存在差异，这些差异可能是由不同的血统、掠食和环境这样的进化压力所导致的。

毒液类型之间的差异和全世界毒蛇的数量之巨为研究者创造了一个丰富的研究基地。

一位研究者说：“一个瘤就是一个组织，与身体其他部分的组织一样，如果你可以阻止它取得血液供应或者扰乱这种供应，那么你就有可能控制这种组织的生长。它使有害细胞彼此分离，这样就抑制了血管的功能，可以防止或者至少是妨碍血液流向瘤组织。”他的研究小组在蛇的毒液中发现了一种混合物，这种物质可以扰乱附着在血管内面的内皮细胞，因为还没有申请专利，所以他现在还不能说出他的研究小组研究的是哪种蛇毒。

化学疗法和其他的药物疗法都无法区分瘤细胞和健康细胞，因此常有导致虚弱的副作用，［3］但是，这种自然毒素已经进化到只对某种具体目标起作用。这位研究者表示，他将在今年完成对这种从动物身上提取的毒素的测试，这些结果将决定这种药物是否适合进行人类临床实验。

［1］医药研究者为什么对蛇毒感兴趣？

A. 因为蛇毒可以治疗多种疾病

B. 因为蛇毒由上百种成分构成

C. 蛇对毒素的利用与药物作用的原理一致

D. 因为毒蛇很多

答案：C

解析：原因题。动、植物某些特点在医学上的应用是此类段落的一个典型思路，[1]处为答案。

[2] 关于蛇毒，下面哪句话正确？

A. 所有蛇毒的毒液都相同

B. 同种蛇之间的毒液相同

C. 成年蛇和幼年蛇的毒液相同

D. 不同地区同种蛇的毒液不同

答案：D

解析：特点题，[2] 处为答案。

[3] 与其他药物疗法相比，蛇毒治疗瘤细胞有什么特点？

A. 有导致虚弱的作用

B. 对瘤细胞和健康细胞同时起作用

C. 只对某种具体目标起作用

D. 有丰富的药物资源。

答案：C

解析：特点题，从比较中看特点，注意转折词“但是”，[3] 处为答案

第五课　环境类段落

一、段落规律

此类段落包括环境恶化和改善两个方面的内容。包括沙漠化及植树造林、乱砍滥伐和退耕还林、自然生态的恢复、各种环境污染及其治理。

由于环境恶化的原因不同，因此采取的改善措施也各不相同。例如：

1. 沙漠化的原因经常会谈到天气干旱、牧草生长缓慢、乱砍滥伐、过度放牧、开荒种地；改善措施可能是植树造林、草场休牧和退耕还林。
2. 空气污染的原因不外乎汽车尾气排放的增加，工厂废烟、废气的超标排放。
3. 江、河、湖水的污染原因大多和周边工厂的污水直接排放有关，解决方法是关闭工厂并进行综合治理。
4. 造成环境污染的原因，还经常谈到农药、杀虫剂，水果、蔬菜使用农药的残余对人体和环境的影响。
5. 室内有毒气体含量过高，以及与冬季建筑防冻剂的使用有关，建议人们买环保型装饰、装修材料和家具。

二、例题解析

例题 1

今夏北方的持续高温，也许只是我国北方夏季天气中的一个特例，但科学家对于全球正在变暖的看法已经逐渐趋于一致。

联合国有关机构的报告指出，[1] 全球气候变暖，主要是由于人类的活动，特别是在实现工业化过程中大量燃烧的石油、矿物燃料排放出过量的二氧化碳等温室气体造成的。

自19世纪末以来，全球气温已上升了0.3℃～0.6℃。1995年7月《自然》杂志报道说，卫星资料表明，1978年到1987年间，北冰洋的冰大约减少了2.8%，1987年到1994年间，冰减少量已增至4.5%。[2] 在近100年中，由于冰山融化和海水受热膨胀，使海平面上升了10厘米～25厘米。如果这种状况再继续下去，据测算，本世纪每年将有近亿人口遭受洪水之害，许多国家的沿海地区也将葬身海底……

骄阳之下，人们撑伞以避炎热。科学家们也开始了为地球造伞的设想，他们提出向太空发射4颗人造卫星，卫星上分别设置激光发射器与反射镜。由于这些漫射的激光仿佛构成了一道光栅伞，当太空中的红外线通过时，一部分便被这道激光光栅遮挡，折射而去，从而使地球降温。

还有的科学家计算指出，只要将太阳倾泻到地球上的阳光用伞遮去3%左右，即可解决因温室气体增加而导致的全球变暖问题。不过这把伞的面积将达2000平方公里之广，伞面材料或金属或塑料均可，但厚度应不超过2微米。科学家还指出，这把伞应放置在日地连线上距地球150万公里处，因为只有在这个地方，物体相对于运动中的日、地、月的距离才是恒定的，以便巨伞起到遮阳的作用。据说，为制造方便，伞面将由数千个单元拼装而成，每个单元都有一套由电脑控制的自控系统。为了降低制造成本，材料则可就近取自月球等其他星体…… [3] 当然，制造这把巨伞目前还只是设想，努力减少温室气体排放量，保护好我们的绿色世界，仍是今天的当务之急。

[1] 全球气候变暖的主要原因是什么？

答案：主要是由于人类活动，特别是在实现工业化过程中大量燃烧石油、矿物燃料排放出过量的二氧化碳等温室气体造成的。

解析：原因题，关键提示词“主要是由于……”，[1] 处为答案。

[2] 海平面上升的原因是什么？

答案：冰山融化和海水受热膨胀。

解析：原因题。原因提示词“由于”，[2] 处为答案。

[3] 为了防止气候继续变暖，目前的当务之急是什么？

答案：努力减少温室气体排放量，保护好我们的绿色世界。

解析：方式方法题，文章结尾原句作答，[3] 处为答案。

例题2

[1] 塑料制品进入市场以来，由于其方便实用而深受人们喜爱。随着塑料工业的发展，人们生活水平的提高，塑料包装逐步代替了纸包装。人们对塑料包装用品不再像开始使用时那样珍惜，而是随手丢弃。随着快餐和方便食品的流行，造成快餐盒、水杯、饮料瓶、塑料袋满地皆是的现状。这些东西随风飞舞，满地乱滚，构成了“白色污染”的可悲景象。由于这些塑料制品在自然界中很难被分解，因此对环境造成很大的污染。

为把北京建设成为一个清洁、优美的城市，日前市环保局和市工商局发布的通告规定：[2]“凡是生产、经销一次性塑制餐盒的，必须承担消除污染的责任。”

消除“白色污染”的方法有多种，比如恢复纸包装，限制塑料包装的使用范围，加强回收利用等等。1996年铁路部门率先推出禁止塑料碗包装的方便面流通的规定，在铁路上推广纸品快餐盒，以此来减少铁路沿途的“白色污染”。加强回收管理，亦可使那些废弃的塑料制品达到化害为利的目的。早在70年代，北京市塑料十厂以回收的废旧塑料为原料生产再生鞋底。90年代初期，已研制出用废旧塑料生产油漆类制品和汽油类的燃料。目前只要把现有的塑料厂家充分地调动起来，不需增添设备即可回收大量塑料类废弃物。[3] 但要指出的是回收废弃物需要清洗、分类，排出的废水必须经过处理。消除“白色污染”事实上也是一次思想意识上的转变，要人人参与，从我做起。50年代北京已开始分类收集垃圾，废品收购站深入到各个街区，而如今取而代之的是外地人员，这不利于废品收购市场的管理。[4] 要解决“白色污染”问题，最有价值的办法是回收利用，广大市民应养成良好的习惯，不乱扔杂物，分类处理垃圾。有关部门应加强废品收购市场的管理，防止二次污染，把我们的环境保护好。

[1] 塑料制品为什么深受人们喜爱？
答案：因为它方便实用。
解析：原因题，方便实用是任何产品得到社会认可的特点之一。[1] 处为答案。

[2] 为减少“白色污染”，有关部门发布了什么通告？
答案：凡是生产、经销一次性塑制餐盒的，必须承担消除污染的责任。
解析：方式方法题，以环境为主题的段落，应注意为改善环境所采取的措施这一思路，[2] 处为答案。

[3] 回收塑料类废弃物要注意什么？
答案：回收废弃物需要清洗、分类，排出的废水必须经过处理。
解析：方式方法题。注意行文中的提示性词句“但要指出的是……”，[3] 处为答案。

[4] 解决“白色污染”最有价值的办法是什么？
答案：回收利用。
解析：方式方法题，注意原文醒目字眼“最”，[4] 处为答案。

第六课　人类健康类段落

一、段落规律

1. 此类段落经常以研究报告、调查报告的形式出现。内容涉及人类的生理健康和心理健康两个方面。段落中经常谈到的话题和常考的是：该研究或调查发现人类的某种生理或心理不健康的表现是什么，其原因是什么？这种不健康的表现可能会有什么样的后果？为避免产生这种后果，专家建议采取什么方法等。
2. 该类段落常见的字眼有：对……进行了研究/调查，研究/调查显示/发现/表明，科学家/医学家/心理学家/专家发现/建议等。

二、例题解析

例题 1

不少人有慢性睡眠问题，夜里要么难以入眠，要么时睡时醒。研究人员认为，在电视机前时间过长可能是造成该现象的主要原因之一。他们的一项研究结果显示，[2] 青少年时期看电视过多的人，年龄稍大时睡眠更容易出麻烦。

研究人员进行了一项调查。8 年中，他们共调查了 760 个家庭，[1] 分别在这些家庭中的子女平均年龄达到 14、16 和 22 岁时对青少年们及其母亲进行访谈。调查结果发现，14 岁时平均每天至少看 3 小时电视的青少年，到 16 岁和 22 岁时睡眠出现问题的风险性比那些看电视较少的青少年要高出 1 倍以上。调查还发现，那些 14 岁时每天看 1 小时以上电视的青少年，如果到 16 岁时将看电视时间降至 1 小时以下，其年龄稍大时出现睡眠问题的可能性比那些不减少看电视时间的人要低。

此前有大量研究表明，睡眠障碍与看电视时间存在相关性。但人们究竟是因为睡不着才看更多的电视，还是看电视太多导致入睡困难，却一直没有说法。研究人员在研究中发现，那些青少年时期睡眠存在问题的人，到了成年早期阶段看电视的时间似乎并未显著增多。这一结果意味着是看电视过多导致了睡眠问题，而非相反。

据研究人员分析，过多看电视之所以会扰乱睡眠，可能是多种因素综合作用的结果。[3] 比如，夜里看电视会使人警觉程度提高，一些晚间电视节目常包含惊吓内容，电视机发出的亮光会打乱人的生理周期。另外，大量看电视的人往往更不喜欢活动。

[1] 参加此项研究的青少年，每人至少接受几次访谈？

答案：3 次（分别是 14、16、22 岁时）。

解析：数字题，注意原文中“分别”所在句子的叙述，[1] 处为答案。

[2] 这次调查研究的结果是什么？

答案：青少年时期看电视过多将来有睡眠障碍。

解析：结论题，调查研究类文章必有的思路，原文中提示性字眼“研究结果显示”“这一结果意味着”“调查结果发现”重复多次，[2] 处为答案。

[3] 为什么晚间看电视会影响睡眠？请写出两个原因。

答案：(1) 夜里看电视会使人警觉程度提高；(2) 电视机发出的亮光会打乱人的生理周期；(3) 大量看电视的人往往更不喜欢运动。（写出任意两个即可）

解析：原因题，要求写出两个原因，注意原文中的多项列举的现象，先综合说明，后列举说明。[3] 处为答案。

例题 2

主持人：现在有一种人“时髦”地活着，颇有点“当代无序生活者”的架势，就像网上所说：“想蘸白糖蘸白糖，想蘸红糖蘸红糖，喝豆浆买两碗，喝一碗倒一碗”，想吃吃，想睡睡，想喝喝，想抽抽，为所欲为，动不动就说“管它呢！”“爱谁谁！”

结果是红了街上的酒吧，绿了自己的脸；扁了自个儿的腰包，肥了自个儿的肚腩。新年伊始，我们应该怎样活着？今天我们特别邀请到中国中医研究院养生专家杨力教授提供养生金典。

杨教授，人存在生物钟现象吗？人的精力、智力、情绪都存在着周期现象。这是什么原因？

杨教授：生物钟现象的基础是阴阳消长转化，[1] 因此生物周期就分为阳周期及阴周期两个阶段。阳周期指一年之内的春夏时期，一天之内的上午，一月之内的上弦到满月阶段。因为这个时期处于阳长阴消阶段，阳气旺、生气足，所以人处于兴奋、精力旺盛、体力充沛、智力活跃、情绪高涨的状态，这个时期精力好，思维活动灵敏，反应快，情绪良好，工作效率高，称做阳周期。阴周期是指一年之内的秋冬时期，一天之内的下午晚上，一月之内的满月到下弦阶段，因为这个时期处于阴长阳消阶段，阴气旺，生气低，所以人处于抑制、精力减弱、体力下降、智力迟钝、情绪低落的状态，这个阶段，精力不好，反应迟钝，情绪不佳，工作效率低，叫做阴周期。

主持人：那人的生物钟受什么影响呢？

杨教授：人的生物钟除了受大自然天体阴阳变化影响之外，也受个体生理、病理遗传、生活环境、生活习惯的影响。

主持人：环境会影响人的生物钟吗？

杨教授：共同生活在一个环境的人，如学校共同住在一个寝室的女生，共同做一种工作的人，同在一个办公室的人，生物钟也会在无形中同步。[2] 一个家中的两姐妹，由于生活环境、饮食习惯相同，所以生物钟也很容易一致。

主持人：生物钟可以打破吗？

杨教授：如果因为工作或生物需要，是可以打破的，因为：宇宙万物产生节律的基础是阴阳消长，生物钟的实质是阴阳交替。因此，生物钟的关键在于维持一定的阴阳消长周期，并不一定非要和宇宙“合拍”，完全可以按照自身的节律进行。

事实上，生物节律并非都是与宇宙同步的。大自然有足够的事实证明生物存在着内源自律，如猫白天懒洋洋地睡大觉，夜晚则灵敏、活跃。[3] 就是人体的脏器也并不是步调一致的，夜晚肝脏工作最辛苦，要进行解毒、贮备工作，中午则处于休息状态，因此午餐时不宜饮酒，以免增加肝脏的负担。上夜班的人，人体阴阳周期可以完全颠倒过来，因为人体有着强大的适应能力，所以昼夜节律完全可以打破。

主持人：人的寿命钟可以调拨吗？对人的寿命有关系吗？

杨教授：打破阴阳消长周期是可以调拨人的寿命钟的。人的生命过程就是一个阴阳消长、转化的大周期，拨快寿命钟，缩短阴阳周期必然缩短寿命，那就启示拨慢寿命钟，延长阴阳周期就有延长寿命的可能。

随着生物学的飞速发展，生物体遗传基因中可能存在着的时控基因，将被应用于调拨寿命钟。细胞分裂的周期如能延长，而生命极限将会被不断改写。同样，还可以人为地控制动物的细胞分裂周期，使之加速生长或延缓生长，以适于人类的需要。

[1] 人的生物周期分为哪两个阶段？

答案：生物周期分为阳周期和阴周期两个阶段。

解析：特点 / 表现题，[1] 处为答案。

[2] 研究者以一个家庭的两姐妹为例，想说明什么？

答案：想说明生活环境、生活习惯会影响人的生物钟。

解析：原因 / 目的题，原文中用举例子的方法来说明观点，[2] 处为答案。

[3] 为什么专家提醒午餐时不宜饮酒？

答案：因为中午肝脏处于休息状态，午餐时不宜饮酒，以免增加肝脏的负担。

解析：原因题。提示词“因此”前边的句子即为原因，[3] 处为答案。

第七课　新技术、新产品、新发明类段落

一、段落规律

此类段落经常谈论某些发明的早期历史、发展背景、特征、革新、进化等情况，发明者为什么会想到进行该项发明的研究和开发，发明过程中遇到的困难，该次发明的优缺点以及是否得到社会承认。把握的思路为：得到社会承认的发明常具有简单、方便、便宜、实用、效率高等特点，而得不到社会承认的发明的特点则常有复杂、难以操作、价格昂贵、不实用等特点。

二、例题解析

例题 1

方便面最初发明时，销售量很不错。其生产厂家——日清公司认为应该进一步打开市场，就提出在方便面的消费群体开发方面侧重于外出旅行人员。为了拓展这一部分市场，该公司又研制了碗装方便面，这种方便面可以为外出旅行人员提供就餐时的容器，揭开盖子，用开水一冲即可食用，实在是十分简便。

但是，这种产品进入市场之初并未得到市场认可。[1] 由于碗装方便面的价格是袋装面的 3 倍多，经销商们都不愿意经销，所以，当时的销路很不好。[2] 日清公司不得已，只得将库存的碗装面以低价格卖给警察局，让警察们在外出执行任务时食用。

那一年冬天，社会上突发一起重大的刑事案件，各大电视台纷纷进行实况转播。电视观众看到，在寒风凛冽的破案现场，警察们吃的竟是碗装方便面。由于这个实况转播收视率非常高，意外出现在屏幕上的方便面一下子妇孺皆知。此后，碗装方便面的销售量猛增。一件突发事件竟成为方便面的活广告，这是生产厂家始料不及的。

俗话说，是金子迟早会发光。[3] 从碗装面遇上了电视直播立刻火爆市场的事例可以看出，每个发明人只要经过理性的分析，认定自己的发明具有开发价值，就应耐得住寂寞，等待或创造机会，最终将自己的发明推广出去。

[1] 碗装方便面上市之初，为什么销路不好？

A. 因为味道不好　　B. 因为外出旅行的人很少

C. 因为价格太贵　　D. 不允许在市场上出售

答案：C

解析：原因题，体现价格高是新产品得不到市场认可的典型思路，[1] 处为答案。

[2] 在销路不好的情况下，日清公司对碗装方便面是如何处理的？

A. 在市场上低价出售　　B. 送给警察食用

C. 低价卖给经销商　　D. 低价卖给警察局

答案：D

解析：方式方法题，[2] 处为答案。

[3] 从碗装方便面的成功可以得到什么启示？

A. 新产品应该找警察做广告

B. 新产品一开始总是得不到市场认可

C. 新产品不应该太贵

D. 具有开发价值的新产品最终会得到社会认可

答案：D

解析：结论题，结尾句作答，[3] 处为答案。

例题 2

白色的布条恰似摇曳的水草舞动着“手臂”，正是在这种神奇“水草”的作用下，数月前还污浊的中山市雍景园映河湖逐渐变得清澈。两年来，这种神奇“水草”——阿科蔓生态基，在广州流花湖、荔湾湖等 20 多万平方米的湖泊和景观水体中悄悄地“安家落户”，[1] 为治理湖泊、水塘、湿地等水体污染找到一条新途径。

“阿科蔓生态基好比为水中的微生物、原生动物、后生动物建起一座安全栖息的房子。”据阿科蔓生态基发明者介绍，阿科蔓的技术秘密在于：特殊的三维复合结构，使其具有巨大的生物附着表面积，并利用生物工程化原理选择和繁衍丰富的微生物种群，利用特殊的编织技术，形成“好氧——兼性——厌氧”的理想环境，固磷脱氮功效奇佳。一方面它能充分利用水体中生物群高效降解水体和底泥中的营养物质（有机污染物）；另一方面它能在整个水体生物中营造理想的栖息环境，从而恢复和建立健康的生态水环境。因此，阿科蔓技术被称做生态水环境技术，既能治标又能治本，而且不易造成外来物种侵害。

因为没有基础设施建设，[2] 同传统化学、物理的治水办法相比较，阿科蔓技术具有投资少、运行和维护费用低等特点。阿科蔓生态基通过了严格的耐久性和环境安全性测试，一般能在水中使用 7～10 年。阿科蔓技术既能单独使用，也可与传统的水污染防治技术组合使用，因此特别适合当前村镇污水处理设施建设的需求。

[1] 阿科蔓生态基的用途是什么？

A. 促进水草生长　　B. 治理污水
C. 在水中建房子　　D. 用来编制物品
答案：B
解析：目的题，新技术、新产品的用途为该类段落的典型思路。[1] 处为答案。

[2] 阿科蔓技术有什么特点?
A. 投资少，运行和维护费用低　　B. 不能单独使用
C. 使用寿命短　　D. 只适合村镇污水处理设施建设
答案：A
解析：特点题，新技术、新产品类段落的典型思路，价格低，受欢迎。[2] 处为答案。

第八课　能源类段落

一、段落规律

此类段落经常谈到的内容包括：

1. 传统能源，包括煤炭、石油储量预测和短缺现状，现有发电设备的发电能力和供应情况，例如拉闸限电，限制工厂机器的运转率，限制空调室内温度，提高电费的价格。
2. 节能技术的研究，例如改进汽车生产技术，降低汽车耗油量，改进各种用电设备，包括泵用电器，降低这些设备的耗电量。
3. 新能源的开发利用，例如风力发电，海藻能的研究和开发，秸秆发电等。这些新能源多具有原料充足、无污染、成本低、可再生等特点。

二、例题解析

例题 1

我国第一批秸秆生物燃烧发电厂将在河北省石家庄晋州市和山东省菏泽市单县建设。河北、山东的领导干部、投资主体和业内专家认为，利用丰富的可再生的秸秆生物资源发电，可有效解决农民增收、缓解能源短缺、改善生态环境的热点、难点问题，前景广阔。

今年 3 月 23 日在香港举办的河北省——香港经贸洽谈会上，河北省建设投资公司与北京龙基电力有限责任公司、香港中国生物发电集团有限公司分别签署了开发利用生物发电技术的合作协议和合资建设 2×1.2 万千瓦秸秆发电厂项目意向书。4 月 18 日，山东省菏泽市及单县人民政府与北京龙基电力有限责任公司签署了在单县新建 2.5 万千瓦秸秆热电厂项目协议书。目前，河北第一个秸秆发电厂项目已选址于石家庄晋州市，河北省正在组织项目的前期准备工作，计划年内完成项目审批、工程设计、设备定货，明年 10 月首台机组投产。

国际能源机构的研究表明，[1] 秸秆是一种很好的清洁可再生能源，其平均含硫量只有 3.8‰，而煤的平均含硫量约达 1%。河北晋州的项目将引进欧洲著名能源研发企业丹麦 BWE 公司的世界最先进秸秆发电技术，初步测算总投资为 1.68 亿元人民币，每年可

燃烧秸秆20多万吨，发电1.2亿千瓦时。按照每吨秸秆100元的收购价测算，将带动农户增收2000多万元，同时还可以提供100万平方米的采暖供热。与同等规模烧煤的火电厂相比，一年可节约标准煤10万多吨，减少二氧化硫排放量600吨、烟尘排放量400吨。秸秆发电不仅具有较好的经济效益，还有良好的生态效益和社会效益。[2] 但目前我国绝大部分这类资源被白白焚烧或低值利用。秸秆野外焚烧产生的烟雾不仅污染环境，还影响交通，酿成事故，曾多次导致附近机场关闭。[3] "利用秸秆发电可以把解决能源短缺、环保和农民增收三大问题很好地结合起来。"河北和山东两省将尽快利用秸秆发电技术对部分小电厂进行改造，促进清洁可再生能源的开发利用，大力发展循环经济。

[1] 和"煤"相比，秸秆是一种什么样的能源？

答案：秸秆是一种很好的清洁可再生能源。

解析：特点题，"清洁可再生"是新能源的典型特点，[1] 处为答案。

[2] 目前我国绝大部分秸秆是如何利用的？

答案：目前我国绝大部分秸秆被白白焚烧或低价值利用。

解析：方式方法题，新能源的价值未被充分开发利用是该类段落的典型思路之一。[2] 处为答案。

[3] 利用秸秆发电可以解决哪三个问题？

答案：利用秸秆发电可以解决能源短缺、环保和农民增收三大问题。

解析：典型思路，就是因为能源短缺，所以要开发利用新能源，同时，传统能源造成的环境污染区被世人所重视，因此新能源应具有环保特点，[3] 处为答案。

例题 2

海流能是指海水流动的动能，主要是指海底水道和海峡中较为稳定的海水流动以及由于潮汐导致的有规律的海水流动。海流能的能量与流速的平方和流量成正比。[1] 相对波浪而言，海流能的变化要平稳且有规律得多。[2] 海流能随潮汐的涨落每天2次改变大小和方向。一般说来，最大流速在2米/秒以上的水道，其海流能均有实际开发的价值。

[3] 海流能的利用方式主要是发电，其原理和风力发电相似，几乎任何一个风力发电装置都可以改造成为海流发电装置。但由于海水的密度约为空气的1000倍，且装置必须放于水下，故海流发电存在一系列的关键技术问题，包括安装维护、电力输送、防腐、海洋环境中的载荷与安全性能等。此外，海流发电装置和风力发电装置的固定形式和透平设计也有很大的不同。海流装置可以安装固定于海底，也可以安装于浮体的底部，而浮体通过锚链固定于海上。海流中的透平设计也是一项关键技术。

根据对130个水道的计算统计，我国沿岸海流资源理论平均功率为13948.52万千瓦。[4] 这些资源在全国沿岸的分布，以浙江为最多，有37个水道，理论平均功率为7090兆瓦，约占全国的1/2以上。其次是台湾、福建、辽宁等省份的沿岸，约占全国总量的42%，其他省区较少。

根据沿海能源密度，理论蕴藏量和开发利用的环境条件等因素，舟山海域诸水道开发前景最好，如金塘水道、龟山水道、西侯门水道，其次是渤海海峡和福建的三都澳等，如老铁山水道、三都澳、三都角。以上海区均有能量密度高，理论蕴藏量大，开发条件较好的优点，应优先开发利用。

[1] 海流能的变化有什么特点？

A. 平稳且有规律　　B. 没有规律

C. 不受海水流动速度的影响　　D. 与海水流量无关

答案：A

解析：特点特征题，注意重复原则的使用，“平稳、稳定、有规律”在文章第一段曾两次出现，[1] 处为答案。

[2] 关于海流能的规律，下面哪种说法正确？

A. 受风向的影响，无规律可循

B. 其大小和方向每天改变两次

C. 随潮汐的涨落每月 2 次改变大小和方向

D. 受海水流速的影响，规律难以把握

答案：B

解析：特点题，[2] 处为答案。

[3] 海流能的主要用途是什么？

A. 固定浮体　　B. 协调海洋环境　　C. 发电　　D. 用于海洋运输

答案：C

解析：方式方法题，注意开发新能源的目的这一典型思路，[3] 处为答案。

[4] 我国沿岸海流资源最多的是哪个省？

A. 福建　　B. 台湾　　C. 浙江　　D. 辽宁

答案：C

解析：比较题，注意原文中关键词“以……最多”，[4] 处为答案。

第九课　有关淡水的段落

一、段落特点

此类段落经常谈论的话题包括淡水储量和紧缺的现状。原因和后果以及节约用水和解决生活用水的措施。淡水储量的趋势是越来越少，地下水位降低，人类缺水现象越来越严重，尤其是在大城市。造成这种现象的原因主要是森林减少和水污染。导致的后果是干净、卫生的生活用水供应不足，影响人类身体健康，土壤沙漠化等。目前解决方法包括城市限制供水时间，有效处理污水生产出再生回水供工厂使用，研究开发海水淡化技术，植树造林，改善环境等。

二、例题解析

例题

森林被誉为“绿色的海洋”、“看不见的绿色水库”。据测定，每公顷森林可以涵蓄降水约 1 000 立方米，1 万公顷森林的蓄水量即相当于 1 000 万立方米库容的水库。一本关于环保的书中提到，某国过去 40 年间，林地所占面积由 40% 下降到 1%，降雨量大幅度下降，出现了长期的干旱、饥荒。20 世纪 80 年代，非洲发生了严重大旱，30 多个国家面临大饥荒，每天都有数以千计的人死于饥饿。1984—1985 年，仅埃塞俄比亚就被夺走了近 100 万人的生命。[1] 森林锐减及水污染，造成了全球性的严重水荒。目前，60% 的大陆面积淡水资源不足，100 多个国家严重缺水，其中缺水十分严重的国家达 40 多个，20 多亿人饮用水紧缺。预计今后 30 年内，全球约有 2/3 的人口处于缺水状况。

水灾与旱灾是一对“孪生子”。破坏森林，必然导致无雨则旱，有雨则涝。[2] 大量事实说明，森林有很强的截留降水、调节径流和减轻涝灾的功能。森林凭借它庞大的林冠、深厚的枯枝落叶层和发达的根系，能够起到良好的调节降水的作用。我国山西省民间有一个说法：“山上多栽树，等于修水库，雨时能蓄水，旱时它能吐。”一个南亚国家由于大量砍伐森林，洪水灾害由历史上的 50 年一次上升到二十世纪七八十年代的每 4 年一次；非洲、拉丁美洲由于天然林的大面积砍伐，水灾也频繁发生。[3] 森林的防洪作用主要表现在两个方面：一是截留和蓄存雨水；二是防止江、河、湖、库淤积。这两个作用削弱后，一遇暴雨必然洪水泛滥。

[1] 全球性水荒的原因是什么？

答案：森林锐减及水污染。

解析：原因题，注意关键词“由于”，[1] 处为答案。

[2]“山上多栽树，等于修水库，雨时能蓄水，旱时它能吐。”说的是什么意思？

答案：说的是森林的作用，森林有很强的截留降水、调节径流和减轻涝灾的功能。

解析：词句题。结合文章主题作答，[2] 处为答案。

[3] 森林的防洪作用主要表现在哪两个方面？

答案：一是截留和蓄存雨水，二是防止江、河、湖库淤积。

解析：特点和表现题，原文中有明显提示句，“森林的防洪作用主要表现在两个方面”，[3] 处为答案。

第十课　收藏类段落

一、段落规律

此类段落内容从小的方面来讲应属于个人爱好的一种，常谈论的话题包括个人收藏的经历，收藏品的来历，为什么会有这样的爱好。对收藏的看法。从大的方面来讲，会谈到该类收藏的兴起、发展与经历的挫折等。可能作为收藏的物品包括字画儿、邮票、纪念币、硬币、布票、粮票，以及收藏者认为有价值的各种物品。

二、例题解析

例题 1

我不是收藏家，[1] 只是爱攒点自己喜欢的小玩艺儿，值得骄傲的是我的“藏品”来自七大洲。

[2] 我有一块南极石，是一位同事随科学考察队去南极回来时送我的。回国后，他从行李中拿出一块普通的石头送我，并解释道：“南极最有特点的东西一是冰雪，二是企鹅，前者带不了，后者不能带，只能送你一块石头作纪念，虽说样子没什么特别，可真是从南极捡来，又跟我走了上万海里的啊。”

有一年春节去四川探亲，某日路过一处旧货市场，被地摊儿上的一只小陶罐吸引。它跟四川农家的盐罐儿差不多，只是样子更憨、做工更粗，12 元成交。回北京请教古陶瓷专家，一看就说这是典型的宋代陶罐，只不过是民窑出品，南方流传较多，也就值 10 块 20 块吧。

我家还有尊非洲友人送的木雕，最有名的坦噶尼喀硬木工艺制品。木雕是一段树桩做的，雕成错落重叠的 6 个小孩，乌黑光亮。朋友去法国访问，在巴黎跳蚤市场买了个 10 法郎的铜盘送我，上面铸有埃菲尔铁塔和凯旋门。我又托人在纽约买了尊自由女神像，30 厘米高，铁镀铜，形态逼真。

某日看看这些小玩艺儿，忽然发现世界七大洲的东西我竟有了五大洲。谁知几天后家里来了一位客人，说是刚去了一趟新西兰，带件小礼品送我。这是一只色彩斑斓的大鲍鱼壳，新西兰海湾特产。

剩下的事儿就是找南美货了。[3] 我写信请在美国探亲的家人给踅摸一件。她回国时我得到一个大瓷碗，说是在圣路易斯的一块钱商店买的，一美元给俩，因为沉只背回一个。我拿到手一看，碗底上用英语赫然烧着“巴西制造”，真是欣喜不已。

[4] 我觉得收藏不在珍奇，不在贵重，只要真心喜爱，就值得收藏。

[1] 作者为什么收藏一些物品？

答案：出于爱好。

解析：原因题，[1] 处为答案。

[2] 作者的收藏品“南极石”是如何得到的？

答案：是同事随科学考察队去南极回来时送的。

解析：方式方法题，[2] 处为答案。

[3] 作者为什么给在美国的家人写信？

答案：让家人找南美货带回来。

解析：原因题，[3] 处为答案。

[4] 作者认为什么样的东西值得收藏？

答案：作者认为收藏不在珍奇，不在贵重，只要真心喜爱就值得收藏

解析：观点题，作者的收藏观，原文结尾原句作答，[4] 处为答案。

例题 2

集邮在我国已经有一百多年的历史了。在这一百多年中，我国的集邮事业不断发展，集邮队伍不断壮大。在我国社会主义市场经济不断发展的今天，我们应该在集邮界提倡和坚持正确的集邮观，倡导和发扬我国传统的邮德、邮风。集邮经营要树立良好的职业道德，既是理论问题，也是实际工作中亟待解决的问题。

我国集邮道德的产生、形成和发展有着特定的历史背景。[1] 1878 年，中国第一套邮票——大龙邮票诞生之后，集邮开始在中国民间出现并传播。但在半封建半殖民地的旧中国，[2] 集邮只是中上层知识分子及少数城市商人的一种自娱活动。尽管如此，仍有不少有正义感的集邮家，通过收集和研究中国邮票，激发自己的民族感情和自尊心，与外国人一争高低。如著名集邮家姜治方先生、马任全先生就是这样，并在解放后将一生的收集全部捐献给国家，其中有中国首航封、红印花加盖小字当壹元旧票等珍邮。

因此，热爱祖国是中国集邮界的传统美德，是集邮道德观中最主要的内容。同时，在长期的集邮活动中，广大集邮者亦从中国传统文化中吸取重信义、讲友谊、乐助人的道德规范。

改革开放以来，在党和政府的关怀下，我国集邮事业有了长足发展，我国成功地举办第九届亚洲邮展就是一个证明。不必讳言，当前集邮界也存在一些问题和不良倾向，如少数邮商不守信誉、坑骗顾客；有的集邮公司缺乏职业道德，将紧俏票卖关系户；个别集邮者造假、售假，一些集邮报刊被经济利益驱使，宣传上有导向问题。一些集邮爱好者集邮目的淡漠化也值得注意。

各级集邮协会、集邮公司、会报会刊都要把集邮道德建设当做大事抓起来，[3] 使大家树立正确的集邮道德观，包括对祖国的热爱、对集邮朋友的友谊、对集邮知识的追求和对社会的诚实守信。

[1] 中国第一套邮票是哪一年诞生的？

A. 1788 年　　B. 1878 年　　C. 1978 年　　D. 1887 年

答案：B.

解析：时间题，[1] 处为答案。

[2] 在旧中国，集邮局限于哪些人中间？

A. 有正义感的人　　B. 少数邮票爱好者

C. 中上层知识分子和少数城市商人　　D. 少数邮票商人

答案：C.

解析：名称题，从事某种活动的人是谁，[2] 处为答案。

［3］下面哪一个不是作者提出的正确的集邮道德观？

A. 对经济利益的追求　　B. 对邮票知识的追求

C. 对祖国的热爱　　D. 对邮友的友谊

答案：A

解析：观点题，根据原文结尾句，可知B、C、D都是作者提出的正确的集邮道德观，可排除。［3］处为答案。

第三单元　模拟试题

模拟试题一

第一部分

说明：听力理解第一部分共10题，时间约为10分钟。在听完每段话之后，你将听到几个问题，请你在试卷上四个备选答案中选出最恰当的答案。然后在答卷上找到相应的题号并在代表所选答案的字母上画一横道。

1. A. 3座
   B. 数十座
   C. 4座
   D. 100座

2. A. 1998年
   B. 1999年
   C. 1960年
   D. 1921年

3. A. 两吨多
   B. 615吨
   C. 24吨
   D. 67吨

4. A. 珠峰自然保护区管理局
   B. 组织专业登山队员
   C. 旅游者
   D. 探险者

5. A. 亚洲
   B. 非洲
   C. 欧洲
   D. 中美洲

6. A. 鱼群造成严重损失
   B. 污染物的严重聚集
   C. 红树林和其他湿地的破坏
   D. 空气污染

7. A. 渔民们应该用拖网捕捞小虾苗
   B. 建立更多的养殖场，以快速致富
   C. 应采取可持续的方式
   D. 应用化学品促进虾的生长

8. A. 俄国人
   B. 法国人
   C. 爱尔兰人
   D. 是许多人努力的结果

9. A. 铁匠
   B. 森林监督员
   C. 工厂的工人
   D. 商人

10. A. 脚蹬
    B. 车把
    C. 充气轮胎
    D. 链条

第二部分

> **说明：** 听力理解第二部分共 20 题，时间约为 30 分钟。在听完每段话之后，你将听到几个问题，请使用铅笔将回答内容写在答卷上的空行中。

11～14

15～17

18～21

22～25

26～30

模拟试题二

第一部分

> **说明：** 听力理解第一部分共 10 题，时间约为 10 分钟。在听完每段话之后，你将听到几个问题，请你在试卷上四个备选答案中选出最恰当的答案。然后在答卷上找到相应的题号并在代表所选答案的字母上画一横道。

1. A. 郊区
   B. 大城市
   C. 农村
   D. 中小城市

2. A. 广州
   B. 乌鲁木齐
   C. 呼和浩特
   D. 长沙

3. A. 控制污染的水平低
   B. 控制污染的立法滞后
   C. 污染物排放量高
   D. 汽车保有量高于发达国家

4. A. 1927 年
   B. 1962 年
   C. 1978 年
   D. 1976 年

5. A. 排行榜
   B. 影片在电视播出的收视率
   C. 票房业绩和观众反映
   D. 题材内容

6. A. 观众
   B. 有关权威部门
   C. 中国城市影院发展协会
   D. 骨干影院经理

7. A. 发信函或手机短信
   B. 发传真
   C. 打电话
   D. 现场投票

8. A. 450 种
   B. 250 种
   C. 900 种
   D. 不知道有多少种

9. A. 可以产生电压
   B. 让仿生学家产生兴趣
   C. 电鱼的大脑需要电力
   D. 是自卫或捕食的工具

10. A. 神经末梢
    B. 是由肌肉或一些组织组成的
    C. 金属构件
    D. 金属导线

第二部分

说明： 听力理解第二部分共 20 题，时间约为 30 分钟。在听完每段话之后，你将听到几个问题，请使用铅笔将回答内容写在答卷上的空行中。

11～13

14～17

18～21

22～25

26～30

模拟试题三

第一部分

说明： 听力理解第一部分共 10 题，时间约为 10 分钟。在听完每段话之后，你将听到几个问题，请你在试卷上四个备选答案中选出最恰当的答案。然后在答卷上找到相应的题号并在代表所选答案的字母上画一横道。

1. A. 书商
   B. 读者
   C. 出版社
   D. 学生

2. A. 或者已经读过，或者没有兴趣
   B. 忙着赚钱
   C. 没时间
   D. 书太贵了，买不起

3. A. 老年人买得少
B. 少年买得少
C. 很多人买来只为装饰门面
D. 公款购书的人太多

4. A. 印刷越来越精致
B. 更加有利于收藏
C. 有利于文艺的繁荣
D. 能提醒当代作家注重写作质量

5. A. 七千多年前
B. 八千多年前
C. 五千多年前
D. 四千多年前

6. A. 江南地区
B. 长江流域
C. 黄河流域
D. 东北地区

7. A. 河南汝县
B. 河南禹县
C. 宜兴
D. 浙江余姚

8. A. 寻找舒适
B. 克服拖延
C. 让不适变舒适
D. 探索未知领域

9. A. 人们都比较懒
B. 这些事比较简单
C. 人们都不愿意努力
D. 这些事给人带来痛苦

10. A. 与干扰和平共处
B. 习惯拖延这件事
C. 在任务出现时拒绝
D. 设定期限并立即去做

第二部分

说明：听力理解第二部分共 20 题，时间约为 30 分钟。在听完每段话之后，你将听到几个问题，请使用铅笔将回答内容写在答卷上的空行中。

11 ～ 14
15 ～ 18
19 ～ 21
22 ～ 25
26 ～ 30

模拟试题四

第一部分

说明： 听力理解第一部分共10题，时间约为10分钟。在听完每段话之后，你将听到几个问题，请你在试卷上四个备选答案中选出最恰当的答案。然后在答卷上找到相应的题号并在代表所选答案的字母上画一横道。

1. A. 用餐
   B. 掀翻桌子
   C. 随便打人
   D. 摔断椅子

2. A. 可以看到自己喜欢的足球明星
   B. 可以让情绪尽情释放
   C. 可以了解比赛的情况
   D. 比赛的水平越来越高

3. A. 写作可以减轻病人的压力
   B. 医生可以更好地了解病人
   C. 为了让病人记住自己生病的情况
   D. 帮助病人打发时间

4. A. 听录音
   B. 吃一些辣的食物
   C. 喝一杯热牛奶
   D. 起来看书

5. A. 食品质量有问题
   B. 因装修而导致的室内环境污染
   C. 在室内的时间太长
   D. 缺少体育活动

6. A. 一类
   B. 两类
   C. 三类
   D. 四类

7. A. 清晨开窗通风
   B. 选用空气净化器
   C. 建立健全建材、装修市场的监管体系
   D. 避免使用家用电器

8. A. 很注意回收
   B. 很重视它的危害
   C. 反复充电使用
   D. 不太在意，大部分当垃圾扔掉。

9. A. 回收率很低
   B. 回收率很高
   C. 每年回收6000多吨
   D. 回收率以10%的速度递增

10. A. 去掉电池中的有害成分
    B. 对废电池充电后可反复使用
    C. 降低电池中有害成分的含量
    D. 销毁废旧电池

第二部分

说明： 听力理解第二部分共 20 题，时间约为 30 分钟。在听完每段话之后，你将听到几个问题，请使用铅笔将回答内容写在答卷上的空行中。

11～14

15～17

18～20

21～22

23～25

26～30

模拟试题五

第一部分

说明： 听力理解第一部分共 10 题，时间约为 10 分钟。在听完每段话之后，你将听到几个问题，请你在试卷上四个备选答案中选出最恰当的答案。然后在答卷上找到相应的题号并在代表所选答案的字母上画一横道。

1. A. 新鲜的河鲫鱼
   B. 新鲜的鸡肉
   C. 老鼠
   D. 主人吃什么，它就吃什么

2. A. 她很怕大老鼠
   B. 她很会抓老鼠
   C. 她喜欢抓老鼠
   D. 她很喜欢主人表扬她

3. A. 7 只
   B. 8 只
   C. 1 只
   D. 9 只

4. A. 很受鼓舞
   B. 很有信心
   C. 不敢抱有信心
   D. 赞扬

5. A. 11 世纪
   B. 16 世纪
   C. 17 世纪
   D. 18 世纪

6. A. 钟表的外表装饰精美
   B. 采用不同的造型
   C. 用广东话的音译作为商标名称的发音
   D. 在钟表上镶上珍珠等贵重宝石

7. A. 第一次提出“中国人开创了钟表史”的观点
B. 在宫内的“做钟处”制造钟表
C. 将外国的钟表带入中国
D. 推动钟表贸易在中国的发展

8. A. 因为儿子成绩一般
B. 因为儿子不喜欢读书
C. 因为儿子不懂电脑
D. 因为儿子外语不好

9. A. 本科以上学历
B. 有电脑
C. 懂电脑
D. 外语达国家四级

10. A. 反对
B. 赞同
C. 怀疑
D. 无所谓

第二部分

说明： 听力理解第二部分共 20 题，时间约为 30 分钟。在听完每段话之后，你将听到几个问题，请使用铅笔将回答内容写在答卷上的空行中。

11～14
15～18
19～22
23～25
26～30

模拟试题六

第一部分

说明： 听力理解第一部分共 10 题，时间约为 10 分钟。在听完每段话之后，你将听到几个问题，请你在试卷上四个备选答案中选出最恰当的答案。然后在答卷上找到相应的题号并在代表所选答案的字母上画一横道。

1. A. 机密文件
B. 现金
C. 毕业文凭和学位证书
D. 支票

2. A. 学生逾期不还贷款
B. 因成绩不好不能毕业
C. 有的成绩需要补考
D. 因为他们违反了学校的纪律

3. A. 鼓励学习成绩好的同学
B. 资助困难学生完成学业
C. 鼓励学生出国
D. 让学生省去打工挣钱的时间来学习

4. A. 定期销毁
B. 寄给学生
C. 交给有关部门
D. 仔细保存

5. A. 摔坏了
B. 镜架被坐得变了形
C. 丢了
D. 被小偷偷走了

6. A. 一次
B. 两次
C. 三次
D. 四次

7. A. 651 元
B. 450 元
C. 201 元
D. 没花钱

8. A. 一次
B. 两次
C. 三次
D. 四次

9. A. 对电脑有兴趣
B. 别人都会，她不会
C. 因为是免费的
D. 儿子在国外，学会打字好给儿子发邮件

10. A. 打字讲座
B. 英语讲座
C. 庙会
D. 公益演唱会

第二部分

说明：听力理解第二部分共 20 题，时间约为 30 分钟。在听完每段话之后，你将听到几个问题，请使用铅笔将回答内容写在答卷上的空行中。

11～14
15～17
18～20
21～23
24～25
26～30

模拟试题七

第一部分

说明：听力理解第一部分共 10 题，时间约为 10 分钟。在听完每段话之后，你将听到几个问题，请你在试卷上四个备选答案中选出最恰当的答案。然后在答卷上找到相应的题号并在代表所选答案的字母上画一横道。

1. A. 老年人
   B. 女性
   C. 男性
   D. 青少年

2. A. 对所有东西失去兴趣
   B. 只对电脑有兴趣
   C. 没有责任感
   D. 不会表达自己

3. A. 听之任之
   B. 鼓励
   C. 引导他们正确合理地使用电脑
   D. 强迫他们不用电脑

4. A. 国营
   B. 民营
   C. 集体
   D. 合资

5. A. 晚上 7 点
   B. 晚上 8 点
   C. 晚上 9 点
   D. 晚上 10 点

6. A. 图书品位较高
   B. 价钱便宜
   C. 冬暖夏凉
   D. 有咖啡厅

7. A. 1 年
   B. 2 年
   C. 7 年
   D. 8 年

8. A. 获得了两枚军功章
   B. 磨练出了坚强的意志
   C. 得到了一大摞荣誉证书
   D. 在北京找到了工作

9. A. 枯燥而单调
   B. 让人喜悦
   C. 让人感到自豪
   D. 让人受鼓舞

10. A. 因为它让作者感到很不好意思
    B. 因为它让作者感到消沉
    C. 因为它让作者受到打击
    D. 因为它能鼓起作者与生活搏击的勇气

第二部分

说明： 听力理解第二部分共 20 题，时间约为 30 分钟。在听完每段话之后，你将听到几个问题，请使用铅笔将回答内容写在答卷上的空行中。

11～13

14～16

17～19

20～22

23～25

26～30

模拟试题八

第一部分

说明： 听力理解第一部分共 10 题，时间约为 10 分钟。在听完每段话之后，你将听到几个问题，请你在试卷上四个备选答案中选出最恰当的答案。然后在答卷上找到相应的题号并在代表所选答案的字母上画一横道。

1. A. 弊大于利
   B. 有利有弊
   C. 利大于弊
   D. 利弊相当

2. A. 干旱缺水
   B. 低温冷害
   C. 生长期短
   D. 霜冻期长

3. A. 提高耕地复种指数
   B. 热量资源更为丰富
   C. 农作物生长期延长
   D. 大范围粮食增产

4. A. 向人们提供蜂蜜
   B. 为农作物授粉起增产作用
   C. 为油菜增产
   D. 是“菜篮子”工程的组成部分

5. A. 具有专一性
   B. 群体出动
   C. 特别喜欢油菜花
   D. 喜欢大面积开花的农作物

6. A. 因为采用温室栽培
   B. 因为是建立绿色食品工程的内容之一
   C. 因为有大量蜜蜂群采集油菜花
   D. 因为有关部门给以大量投资和支持

7. A. 认真阅读
B. 把书卖掉买名人字画
C. 放在高高的阁楼上
D. 摆在书架上而不阅读

8. A. 是收藏家
B. 热爱民族文化
C. 喜欢绘画
D. 喜欢读书

9. A. 把它当成艺术品
B. 火柴盒制作精巧
C. 上面画有风光名胜
D. 上面画有仕女图

10. A. 收藏家
B. 画家
C. 歌唱家
D. 作家

第二部分

> **说明：** 听力理解第二部分共 20 题，时间约为 30 分钟。在听完每段话之后，你将听到几个问题，请使用铅笔将回答内容写在答卷上的空行中。

11～14
15～18
19～22
23～25
26～30

模拟试题九

第一部分

> **说明：** 听力理解第一部分共 10 题，时间约为 10 分钟。在听完每段话之后，你将听到几个问题，请你在试卷上四个备选答案中选出最恰当的答案。然后在答卷上找到相应的题号并在代表所选答案的字母上画一横道。

1. A. 赤道地区
B. 中低纬度地区
C. 高纬度地区
D. 沙漠地区

2. A. 四种
B. 五种
C. 六种
D. 七种

3. A. 只存在于地球上
B. 只存在于地球和木星上
C. 存在于任何星体
D. 普遍存在于太阳系中的有磁星体

4. A. 一年
B. 9 个月
C. 6 个月
D. 3 个月

5. A. 一般相对稳定
B. 经常发生漂移现象
C. 离太阳越来越近
D. 非常不稳定

6. A. 一颗
B. 两颗
C. 三颗
D. 四颗

7. A. 油田
B. 天然气田
C. 熔岩火山
D. 化石

8. A. 处于常温状态
B. 处于高温状态
C. 温度时高时低
D. 和石油颜色一样

9. A. 地壳运动
B. 地震
C. 断裂活动
D. 暴雨

10. A. 让旅游者远观
B. 以免牲畜陷入其中
C. 以免孩子陷入其中
D. 为了保护泥火山

第二部分

说明： 听力理解第二部分共 20 题，时间约为 30 分钟。在听完每段话之后，你将听到几个问题，请使用铅笔将回答内容写在答卷上的空行中。

11～14
15～17
18～21
22～25
26～30

录音文本

模拟试题一

第一部分

1～4

世界第一高峰——珠穆朗玛峰，以其8848.13米的海拔高度，巍然屹立在喜马拉雅群峰之巅。山峰两侧雪峰林立，仅7000米以上的雪峰就有数十座之多，其中四座在8000米以上，它们拔地而起，摩天接云；银装素裹，冰河悬柱，构建出世界最雄奇壮观的高山自然景观，被世人称誉为“地球的第三极”。

20世纪初，人类开始了对珠峰的征服活动，在一次又一次的登山活动中，带给登山者的有胜利的喜悦也有失败的忧伤，但就珠峰而言，每次登山活动都给她刻下难以治愈的创伤。从1921年到1960年中国登山队第一次从北坡登顶为止，珠峰正式的攀登活动也只进行了15次。由于那时登山运动群体人数不多，所以对珠峰的自然环境造成的影响很小。但随着商业化登山在全球范围内的迅速发展，登山探险和高山旅游者的人数急剧增加，随之而来的环境问题也日益突出。

1998年到珠峰地区的旅游者超过了两万人，如果按照每名旅游者每天产生220～320克垃圾计算，那么每年产生的垃圾将达到24～67吨。根据资料统计，从1921年到1999年共有615吨垃圾被丢弃到了珠峰的冰川里，给神圣的雪山圣地留下了众多的遗憾。更令人感到担忧的是：丢弃在高海拔地区的废物，除非组织登山运动员，否则是无法上去清理的，这美丽的山峰实际上成了登山队的垃圾场。

随着舆论报道和众多环境保护者的不懈努力，世界各地的人们也逐渐意识到了珠峰的环保问题。从20世纪90年代开始，世界各国的登山人士为珠峰清扫垃圾的行动不断。2001年，由日本、韩国和格鲁吉亚等国44人组成的高山清扫队，在珠峰高海拔山区为神山认真地做了一次美容。这次行动是由日本登山家野口健发起的。从4月中旬一直持续到5月底，登山队员们从雪山上共清理出两吨多重的垃圾。

目前，珠峰国家级自然保护区管理局已经明确负责6500米以下的垃圾清理，并且首先在登山者和旅游者汇集的大本营建立垃圾站，保证日常垃圾及时运送下山。但是海拔6500米以上地区的清扫行动，还必须组织专业登山队员才能完成。

保护美丽的珠峰，保护地球上神圣的雪域高原，职责就在我们自己的手中。

1. 在喜马拉雅山，8000米以上的山峰有多少座？
2. 中国登山队第一次从珠峰北坡登顶是哪一年？
3. 2001年进行的珠峰清洁行动共清理出多少垃圾？

4. 珠峰海拨 6500 米以上的垃圾可能由谁来清理?

5 ～ 7

环境公平基金会近日指责说，在某些发展中国家，虾养殖业的爆炸性增长已经在采伐森林和环境污染方面导致一种“可怕的环境危机”。

该基金会发表的一份报告指出，在某些虾养殖国家中被称为“一个可怕的环境破坏目录”的现象，同样可以在中美洲发现，在非洲情况次之。这份名为《海洋养殖地球付账》的 77 页报告详细阐述了该组织所说的“一个可怕的环境破坏目录”是一系列环境破坏的代价，诸如红树林的破坏以及其他海洋生物的损耗等。

捕虾业近年来在一些国家发展迅速，由此所导致的环境问题主要是红树林及其他湿地的破坏。人们通常非法地破坏红树林和湿地，以建立虾养殖场，同时危险化学品的使用又导致污染的增强。有时污染物的聚集是如此严重，以致渔民们过不了多久就废弃其虾养殖场，而那片土地则没有任何利用价值了。此外，当渔民们用拖网捕捞小虾苗的时候，鱼群也遭受到严重损失。

该基金会指出，现在是到了经销商以及政府对虾养殖者施加压力的时候了，以使他们采取可持续的方式进行虾养殖。该基金会负责人说:“我们的报告揭示了已经发生的、真实而可怕的环境破坏现象，这是虾养殖者‘快速致富’心态所导致的恶果。”他说，“现在是海产品工业和政府采取措施结束这种滥养滥捕局面的时候了，否则，对某些世界上最穷的、被忽视的海岸国家以及对一些独特的野生生物栖息地而言，将意味着长期的灾难。”

5. 虾养殖业造成环境危机的地区，不包括下面哪一个?

6. 下面哪一个不是虾养殖造成的环境问题?

7. 专家指出，应该如何进行虾养殖?

8 ～ 10

关于自行车的发明众说纷纭，但有一点是事实，即自行车的发明是许多人努力的成果。早在 1790 年，就有人用木材做了一辆自行车。它既没有车把，也没有脚蹬子，更没有链条，是靠双脚踏地推动前进的。这也许只能算做一个大玩具，还算不上是一辆真正的自行车。11 年后，又有人发明了一辆车，比第一辆轻巧、实用。然而，世界上第一辆可以称做自行车的，应该是“奔跑车”。

“奔跑车”的发明者是一位森林监督员，他常年在林区东奔西跑，十分辛苦。于是他萌生了制造一个能代替步行的轻便车子的念头。经过反复研究，他终于造出了一辆可以代替步行的车子。这辆车有一个木架，木架下边安了两个轮子，架子中间装有一个座位，座位前边还安装了把手。骑车的人坐在车座上，两手扶把，用脚蹬地，车轮就转动起来。

“奔跑车”尽管有很多长处，但它必须用脚蹬地才能前进。1840 年，一位铁匠对这种自行车进行了改进——加装了脚蹬子，使自行车向前发展了一大步。第一辆有脚蹬子的自行车，至今还保存在博物馆里。1880 年链条的发明，是现代自行车的很关键的部分。自行车安上链条后，不仅速度大大提高了，而且更省力气。

但同时，由于速度提高了，自行车的震动和颠簸问题就越发显得突出了。后来，有人发明了充气轮胎，使这一问题得到根本的解决。至此，自行车有了车把、脚蹬、链条和充气轮胎的车轮，基本上定型了。

8. 自行车是谁发明的？
9. “奔跑车”的发明者是从事什么职业的？
10. 下面哪项发明解决了自行车的颠簸问题？

第二部分

11 ～ 14

“六一”国际儿童节到了，在这充满欢乐、幸福的日子里，在清华同方科技广场，清华同方数码娱乐事业部为北京、上海、广州、成都四大城市儿童福利院的孩子们准备了节日大礼包，让福利院孩子们和普通孩子一样，过一个充满爱心、快乐的节日。

一直关注教育事业发展的清华同方本着取之社会、造福社会的宗旨，通过清华同方数码娱乐事业部捐赠总共价值 8 万余元的儿童礼品和娱乐设施给全国儿童福利院的孤儿们，为孩子们在自己的节日和成长的日子里带来更多的快乐。

目前仅北京儿童福利院就收养了一千多名 0 ～ 15 岁的孤残儿童，90% 以上有不同的残疾。这些孩子不但需要收养机构为他们开展基础护理、康复培训等引导式教育，更需要来自国家和全社会的帮助，用爱心来治愈他们身体上及心灵上的残疾，使他们拥有和其他孩子一样能健康成长的机会。

其实，清华同方一直积极关注中国少年儿童健康成长，在盈利的同时不忘将真情及爱心更多地回馈给全社会。在这个属于孩子的节日里，清华同方希望此次活动能够唤起更多企业和个人对孤残儿童的关爱和关注。

来自儿童福利院的代表认为，清华同方这种关注儿童，特别是福利院孩子们成长的行为，可望和社会与儿童形成良性互动。代表们呼呼，虽然对于整个儿童福利事业来说，一家企业的帮助可能效果有限，但更多企业能加入到这一有意义的公益活动行列，尽一份力，让孩子们感受到社会的关爱，一个让孩子健康成长的美丽世界并非遥不可及。

清华同方随后还将开展以“我眼中的美丽世界”为主题的图片网上巡展活动，每个人都可以把自己心中的美丽世界拍成照片发布出来，借以召唤更多的企业和个人加入到这个行列。

11. 清华同方为哪四个城市儿童福利院的孩子们准备了礼物？
12. 清华同方的宗旨是什么？
13. 儿童福利院的代表们发出什么样的呼吁？
14. 清华同方要开展的图片巡展活动的主题是什么？

15 ～ 17

给儿童以玩具，让他们在玩儿中长知识，这是所有人都明白的道理。然而最近笔者在西单赛特商城看到的一些玩具则更受启发，听听这些玩具的名字就明白了：牛顿箱、化学箱、电动船、矿石收音机、风向风速计……玩儿和科学实验结合在一起，确有一定的道理。

玩儿给孩子的印象往往最深刻，在他们还不了解这些物理、化学现象时，这些原理就已经被他们“玩儿”得烂熟于心，而这正是理解和记忆的开始。由此想到，我们的科学普及应该有无孔不入的本领，从儿童玩具到日常生活、工作用品，能渗透的地方都应渗透。听说有这样一种冰棍，小朋友买到冰棍拆开包装纸后，上面写着：“一块冰扔进河里，它是漂着的，你知道这是什么原因吗？”小孩子可能不知道，就吃冰棍，一边吃一边思考，吃到就剩一根小木条时，上面用可食颜色写着答案：“冰比水轻。”好奇心会让孩子还想买下一根冰棍，这产品为自己做足了广告，还普及了科学知识，真是一箭双雕。

现在，儿童玩具中的科技含量还太少，反过来也可以说，是科普教育中玩儿的含量太少。玩耍是孩子们不可缺少的人生环节，他们往往是在玩耍中了解自然、打开眼界、增长知识，因此，让孩子告别玩具确实有些残酷。现在出现的一些把自然科学现象制成玩具的办法很好，只是玩具市场上这样的品种太少了。

还是应当共同努力，增加玩儿中的科技内容和科技教育中玩儿的成分，把学科学变得更有乐趣。

15. 作者用冰棍想说明什么问题？
16. 目前我们的科普教育存在着什么问题？
17. 为普及科学，作者认为我们努力的方向是什么？

18 ～ 21

纪念邮票和特种邮票的发行量多大才合适？这是长期困扰邮电部门的问题，也是集邮者十分敏感的问题。

多年的实践经验表明：邮票发行量太小，就会“买票难”；量过大，则会没人买。最典型的例子是 1992、1993 年，为解决纪特邮票供不应求、“买票难”呼声强烈的问题，连续两年大幅度扩容，发行量是 1991 年的 2 ～ 3 倍，结果买邮票不再难了，却导致几乎所有的新邮票跌破面值，最惨的竟然五折处理。时至今日，仍有 10 多种那时发行的邮票低于面值。中国邮票的声誉在世界上受到损害，集邮者以及中国新邮代理商的利益受到损害，许多人退出了集邮队伍，集邮企业的生意非常艰难。这种状况持续数年，圈内人称之为“邮市寒流”。现在，有人又怀念起那时扩大发行量、满足集邮者需求的种种好处，如果不是好了疮疤忘了疼，就是对全面情况不甚了了。

为了搞活邮市，邮电部采取了一系列措施，主要包括实施“增套减量”的方针，销毁部分库存的滞销邮票等。经过艰难的努力，逐渐使人们恢复对中国邮票的信心，引导邮市走出低谷。办好邮市，功在国家，利在人民。去年，全国集邮业务收入 20 多亿元，这对整体上亏损的国家邮政部门是个非同小可的数字。集邮者手里的邮品从贬值到升值，这个号称 1500 万人的群体当然会感到高兴。邮市发展，为广大群众开辟又一个投资渠道，部分人把邮票当做“小市民股票”。邮市兴旺，扩大集邮的影响，去年以来集邮者队伍迅速壮大，恐怕各级集邮组织也没理由不高兴。毋庸置疑，邮市热带来一些负面效应，需要认真解决，但既然邮市兴旺利大于弊，那就应当在发展的前提下加强管理、兴利除弊，而不能否定这几年来为搞活邮市所做的努力，重犯那种脏水、孩子一块儿泼的错误。

根据邮市热的新形势，可以适度地增加一点量，但无节制地大量扩容也不足取，不然几年后又要为新一轮“邮市寒流”而发愁。有两个办法可供参考：一是以销定产，任何邮票都可以随便预订，然后按照预订量确定发行量，并采取对双方都具有约束力的必要措施。二是采取国际上常用的办法，在一定的发售期内足量供应，过了发售期则把剩余的公开销毁。这种作法是否有争议无关紧要，只要有利于国家、有利于集邮者就好。

18. 作者以 1992、1993 年邮票发行情况为例，想说明什么问题？
19. “邮市寒流”比喻邮票市场的什么情况？
20. 为了搞活邮市，邮电部采取了什么措施？
21. 从整体来看，国家邮政部门的经营处于一种什么状况？

22 ～ 25

清明节时值春季，是冬至后的 106 天。作为中华民族的重要传统节日，清明节被赋予了怀念先人、表达哀思的重要内容。时至今日，清明节在民众生活中仍然占有非常重要的地位，究其根本在于清明节的扫墓祭祖、祭奠先人的活动，与中华文化中的祖先崇拜、孝文化存在着深厚的联系。中华文化的孝文化精神在清明节中得到了最大的体现，这就是清明节的强大生命力所在。

传统的清明节大约始于周代，已有 2500 多年的历史。清明最开始只是一种节气的名称，不过这是一个很重要的节气。清明一到，气温升高，正是春耕春种的大好时节，故有“清明前后，种瓜种豆”、“植树造林，莫过清明”的农谚。清明节从一个节气演变成民俗节日，还得从“寒食节”说起。

寒食节是我国古代出现较早的节日，亦称“禁烟节”、“冷节”、“百五节”，在夏历冬至后第 105 天，清明节前一两日。寒食节最初成为节日时，家家户户禁烟火，人们只吃冷食。在后世的发展中，过寒食节逐渐增加了祭扫、踏青等风俗。寒食节前后绵延两千余年，曾被称为民间第一大祭日，是传统节日中唯一以饮食习俗来命名的节日。后来因为寒食和清明在时间上离得较近，所以人们把两节合在一起，只过清明节。

22. 清明节为什么有强大的生命力？
23. 传统的清明节始于哪个朝代？
24. 寒食节最初有什么风俗？
25. 为什么人们要把清明节和寒食节合在一起？

26 ～ 30

近年来，健身运动在各地开展得有声有色，越来越多的人参加到健身运动行列中来。但怎样锻炼才能起到良好的强身效果？运动量有无标准呢？

很多锻炼方式，如快走、跑步、打球、登山、游泳等有氧代谢运动，都有好处，但从心血管保健角度来说，必须达到一定的运动量，才能起到健身的效果。判断的标准以心率来计算，运动医学研究表明，在运动中如果每分钟心率低于100次，几乎起不到健身效果。身体健康的中年人每分钟运动时的心率最低也要达到130次，但不要超过每分钟160次。老年人的运动强度因人而异。1990年美国运动医学会推荐，老年人训练强度的限度应是最高心率的60%，即每分钟110～130次，每周3次，每次30～60分钟。只有在运动锻炼中达到这一标准，才能加大心脏负荷量，加快收缩频率，以输出更多的血液，保证肌肉运动时对各种营养物质的需求。

但是，在锻炼中如何掌握好运动强度呢？如果锻炼后心率达到130次，出汗较多，感到心慌气短、头昏眼花、食欲及睡眠不佳，在15分钟以内脉搏没有恢复正常，次日觉得周身乏力，无精打采，则表明运动量偏大，应在锻炼时适度减少运动量。在运动后心率虽然达到每分钟130次，但身体无发热感，也不出微汗，脉搏在3分钟内完全恢复到平时正常状态，说明运动量不足，可在锻炼时循序渐进加大运动量，以感到舒适为度。

参加健身运动，必须将安全放在第一位。参加运动前要请医生进行严格的身体检查并充分做好锻炼前的准备活动。可采用原地连续性的徒手体操、快走或慢跑等全身性活动，以10分钟左右为宜。对老年人、训练水平较差或在气候炎热的环境等情况下，做准备活动的时间应短些，避免发生疲劳。此外还要做好整理放松运动。锻炼后进行整理活动可步行、缓步慢跑、自我按摩、做下肢柔软体操、抖动肌肉等，使全身关节得到舒张，僵硬的肌肉群得到放松，让人感到全身轻快。

26. 判断运动量的标准是什么？
27. 身体健康的中年人多大的运动量较为合适？
28. 对老年人来说，多大的运动量较为合适？
29. 如果运动后15分钟内脉搏没有恢复正常，可能说明什么问题？
30. 参加锻炼前做多长时间的准备活动较为合适？

模拟试题二

第一部分

1～3

近年来我国汽车保有量迅猛增加。自八十年代以来，中国汽车保有量平均增长率在13%左右。截至1994年底，全国民用汽车保有量已达950万辆。随着我国城市化进程的加快，汽车保有量增加相对集中于一些大型和特大型城市。另外，我国汽车油耗水平较高。据测算，我国轻型载货汽车的百公里油耗为10～14升，中型载货汽车的油耗也较高。另外，我国汽车的污染物排放水平高。目前我国汽车一氧化碳的年排放量已接近1000万吨，碳氢化合物和氮氧化物的年排放量也达到100万吨以上。由于大量汽车污染物集中在城市排放，致使一些大城市空气质量恶化，交通干道和主要路口污染物浓度超标。据上海市对15个交通路口的监测结果，同一时间所排放的氮氧化物、一氧化碳、碳氢化合物均超过国家三级水平。此外，天津、武汉、长沙、乌鲁木齐、广州等城市汽车污染亦十分严重。就全国而言，汽车污染已成为我国大城市空气污染的重要来源。

那么汽车污染的症结在哪里呢？有关专家认为：

原因之一：汽车本身污染物排放水平就高。

原因之二：我国控制汽车污染立法滞后，相关法律、法规又过于笼统。

原因之三：目前我国控制汽车污染的水平有待提高。

汽车工业发展所带来的严重环境污染问题须引起足够重视。否则，汽车污染问题完全有可能成为我国的又一大环境公害，进而直接威胁人们的健康。

1. 我国汽车保有量集中于哪些地方？
2. 汽车污染严重的城市，录音中没有提到的是哪一个？
3. 下面哪个不是我国汽车污染的原因？

4～7

第27届大众电影百花奖评选章程，经过充分讨论后得到修改，用以适应自1962年该奖创立以来所面临的全新挑战。修改后的评选章程采取颁奖典礼现场开奖的方式，手机投票的新举措也给热心参与的观众提供便利，而候选名单也在昨日公布。

中国影协七届主席团于6月6日召开专门会议，研究并通过了修订后的“大众电影百花奖评选章程”。在去年尝试用500万元票房作为报名参评标准的基础上，今年又与中国城市影院发展协会合作，委托100家左右骨干影院经理根据各制片单位报名作品，以票房业绩和观众反映为主要依据推荐候选名单。有关权威部门发布的票房收入排行榜和影片在电视播出的收视率调查资料，也在确定候选名单时予以考虑。此前，已举办的26届百花奖评选，都是采取信函投票方式，这次手机投票方式的实施，将使投票更简便、参与面更广。而颁奖现场公布评选结果的新办法，也将结束百花奖无悬念的历史。

本届百花奖设故事片奖3个、男演员奖2个、女演员奖2个。观众投票从6月19日开始，信函截止到8月31日，手机短信截止到9月19日，并设幸运观众奖。评选结果将于9月19日晚在宁夏银川市举行的第13届中国金鸡百花电影节颁奖典礼上当场揭晓。

4. 大众电影百花奖是哪一年创立的？
5. “大众电影百花奖评选章程”修改以后，推荐候选名单的主要依据是什么？
6. 由谁来推荐电影候选名单？
7. 观众的投票方式是什么？

8～10

在众多的鱼类中，你听说过电鱼吗？电鱼是具有发电能力的鱼类的总称，已知的约有250种。它们分布在南美洲热带海域、非洲热带海域以及中国的南海。电鱼发电器产生的电压，随种类不同而有很大差别。非洲尼罗河的电鲶可产生450伏左右的电压，而南美洲的电鳗威力更大，可产生900伏的电压，人畜若踏到电鳗身上，将遭电击而危及生命。

电鱼放电并不是无休无止的，当电能耗竭后，就将停止放电，经过一段时间休息，才能恢复放电能力。电鱼发电器是它自卫或捕食的工具，发电器受大脑支配，对其放电的强度和时间，电鱼完全能够控制。到目前为止，人类的任何一种蓄电装置，在结构和效能上都没有超过鱼的发电器。

电鱼之所以能发电，是因为它身上带有发电器。这类发电器的基本构造和发电原理，与人类所制造的发电器大致相同，只是构件的成分不一样。电鱼的发电器是由肌肉或一些组织组成的，电的导线是一条条神经末梢，而人造的发电器主要由一些金属构件组成，用金属导线来传输电流。电鱼的发电器由许多多边形的肌肉柱状体组成，柱状体内又分成许多小间隔，各柱状体之间被结缔组织的电板隔开，这样构成串连的蓄电池组似的结构，柱状体内的电板如同蓄电池的电极，电极的一边接有一簇神经末梢的是负极，没有神经分布的另一边是正极，电极由大脑和脊髓神经支配。大脑传出放电信号时，发电器的电路马上通电，进而放电；大脑停止发射信号时，发电器的电路立即中断，停止发电。这种巧妙之处正是仿生学家们的研究兴趣所在。

8. 已知的电鱼大概有多少种？
9. 对电鱼来说，它的发电器有什么功能？
10. 电鱼的发电器是由什么组成的？

第二部分

11～13

目前，上海可供租赁的汽车已达千辆，作为全市7家汽车租赁公司之一的大众公司有340辆各类汽车，租车率始终保持在75%以上，其中，市民个人租赁达10%。

随着社会对计算机人才的需求，租台电脑苦练的大有人在。上海市某电脑公司虽然只有几十台电脑可供出租，且型号多为386，出租率却总保持在80%以上，有时甚至出现租户需要预订的情况。比较市面上一台电脑近万元的价格，每月100～300元的租费显然容易承受一些。在市场经济条件下，都市人消费观念的日渐成熟与理智，是租赁业兴起的主要原因。一款温馨浪漫的婚纱，一台性能精良的摄像机，一套高贵典雅的银质餐具，一副室内装潢所需的电动工具，这些少则千元的物品，关键时刻少不了，可平时也只有冷坐墙角，充当摆设，倒不妨先“放”在出租商店里，需要时租来一用。

50多元一盘的VCD虽说价钱并不惊人，但买来看过一两回多数人便不再感兴趣。可租一盘最多只需5元，看过即换，常换常新，买一盘的价钱可以租10盘，影迷们既大饱眼福，又节约开销。

许多人看好租赁业还在于它随物品一起提供的那份周到与细致的服务，令客户省心不少。租赁市场千奇百怪，连哭灵人都可以出租，你说荒唐不荒唐？据说他们一天的租金高达 400～800 元不等，并且非平常人能够租到。还有“名人出租”更是为造气氛、争面子的用户所设的出租项目，商家的“精明”令人咋舌。

其实，租赁业不只存在于消费领域，生产设备租赁以及整个企业租赁经营才是现代租赁业的核心，它对社会经济生活起着重要的作用。比起国外租赁业的铺天盖地之势，上海的租赁业只是微波轻浪。有专家认为，租赁业能使社会财富得到充分的利用，使人们的暂时需要得到满足，因此，具有远大的发展前途。

11. 租赁业兴起的主要原因是什么？
12. 租赁业存在于哪些领域？
13. 为什么说租赁业具有远大的发展前途？

14～17

方便面是现在司空见惯的食品，它以食用便捷、方便携带的特点得到了人们的喜爱。也许大家不知道，方便面的发明还有着有趣的故事呢。

方便面的发明者原本经营着自家的一间小食品作坊。他是一个思想活跃、不安于现状的人，总思考着如何将自家的买卖做好做大。

他每天都要乘坐电车，看到许多人在车站旁的饭馆前排队，等着吃热面条。有一天他突然灵机一动：如果能生产一种“只用开水一冲就可以吃”的面条，估计居家旅行者都会愿意大量购买。于是，他毅然确定了开发“方便面条”的发明课题。

他马上投入发明实验。他买来一个轧面机，在众人的怀疑下开始了方便面条的创新。

为了实现“方便、简易”，他想到“油炸”，这样，可以很快就把面条炸干，便于贮存。面条在油炸后自然会出现很多细孔，这些细孔在热水浸泡时起到吸水作用，可以使方便面很快变软，油炸后的面条味道还会更好。在这期间，他还发明了添加调味料的方法，使自己的方便面味道鲜美、可口。

经过长达 3 年的苦心钻研，他终于研制成功了“鸡肉方便面”。1962 年，方便面开始打入市场，这种新奇的商品很快赢得了部分顾客。如今，方便面已经行销世界。

如何使自己的发明得到社会承认，成为行销市场的热门商品，是每一个发明人都在思考的问题。从方便面的发明可以看出，发明者找到了发明与社会需求的交汇点，方便面的市场开发空间涉及社会大众的日常生活需要，因此，市场开发空间相当大。这是方便面得以获得市场认可的重要原因。

14. 发明者是如何想到发明方便面的？
15. 在方便面的发明阶段，众人持什么态度？
16. “油炸”方便面有什么优点？
17. 方便面为什么会获得成功？

18～21

中国正在准备利用太空种子来加快森林的成长，这种经飞船搭载而产生变异的种子能大大缩短树木的生长期。

经“神舟”四号飞船搭载过的3000粒大青杨树种将被用于中国最大的林区——黑龙江省小兴安岭林区。

太空育种成功，将大大缩短杨树的工艺生长期。原来30年可出2茬工业原料，现在可出3茬。他们计划从商品林中拿出15000公顷，作为工业原料林，循环使用。这一实验成功后，将改变小兴安岭的树种群和林份结构。

中国航天科技集团航天育种研究中心孙永成主任告诉记者，太空育种是一种理化诱变育种，由于太空微重力、宇宙射线、重粒子、交变磁场环境与地面都不一样，会引起植物遗传性变异，这次大青杨太空育种主要是解决耐寒性和速生性的问题。前苏联曾做过类似的太空育种，其速生性提高30％。

大青杨是生长在中国东北小兴安岭的一种杨树。这3000粒树种总重只有2克，被包装在3个试管中，2002年12月30日随“神舟”四号飞船升空，经过160多小时的太空遨游，于2003年1月5日返回地面。

加快森林成长对中国最大的东北林区非常重要。保护生态和发展林业工业一直困扰着这里。半个世纪以来，这一林区主要担负木材生产任务，累计为国家提供了5亿多立方米木材，木材年产量约占中国十分之一。

来自国家林业部门的信息表明，随着生态公益林的扩大和天然林资源保护工程的实施，中国去年的木材总产量为5100万立方米，比1998年减少了866万立方米。到2010年，中国计划平均每年调减木材产量600万立方米。

2000年底，中国森林覆盖率达16.55％，远低于美国、日本等国家。据联合国粮农组织1998年公布的世界森林资源评估报告结果显示，中国森林面积1.34亿公顷，占世界森林总面积的3.9％。世界人均拥有森林蓄积量为71.8立方米，而中国人均森林蓄积量仅为8.6立方米。

由大、小兴安岭和长白山脉组成的东北林区是中国最大的林区。过去这里森林砍伐严重，上世纪90年代末期，中国在这里实施天然林保护工程，将百万伐木者变成种树人。

18. “太空种子”的最大好处是什么？
19. 东北林区一直被什么问题所困扰？
20. 中国的木材总产量为什么下降？
21. 东北林区从什么时候实施天然林保护工程？

22～25

细心人都会发现：如今家里用火柴的时候越来越少了，点煤气用电子打火枪，点烟用打火机，火柴正逐渐从家庭必需品中消失。

谈起往日的辉煌，在北京火柴厂已干了35年的厂长贾重正感慨地说：“从新中国成立以来到九十年代，火柴生意一直红火，年产量保持在42万箱左右。那时候工人加班加点赶任务，运货的大车一辆接着一辆。”

然而近几年火柴业越来越冷清了，北京火柴厂由“两班倒”减为一班制，设备减了一半，还是经常吃不饱。不独此一家，全国火柴业全行业不景气，136家火柴厂差不多都面临停产或减产问题。有的企业想破产，但职能部门不让。因为毕竟还要保证一部分需求，它或多或少还有点“菜篮子”、“米袋子”工程的性质。

与火柴相比，打火机使用方便，原材料来源丰富，可多次使用，可回收，不管从什么角度讲，打火机都比火柴受欢迎。

用火柴的机会可能会越来越少，但至今人们不会忘记火柴带来的美丽的副产品——火花。曾几何时，集火花风靡一时，可如今随着火柴产量的下降，火花的种类与数量也大大减少。在北京火柴厂从事十余年火花工作的朱先生说：“只有火柴盒上的图案才能叫火花。过去产量大时，顺带着生产不少火花。现在产量下降了，印刷费用也提高了，生产火花赔钱。”尽管南方还有一些厂家仍在继续生产火花，但根本无法与全盛时期相比，火柴终将为其他引燃物所取代，这一趋势似乎不可逆转。火柴至今在中国已有159年的历史。在清末民初，火柴厂在民族工业企业中也占有一席之地。然而如今，火柴业日渐衰落，火柴几被淘汰。不独我国如此，国外同类企业也面临相同的命运，这或许就是发展的结果和必然。社会进步程度越高，产品更新换代的频率越快，追不上时代发展潮流或自身不完善的产品被淘汰的可能性就越大。我们收获了益处和真知，也必须面对企业不景气、下岗工人多等一大堆难题，这就是代价。

22. 为什么有的火柴企业不允许破产？
23. 为什么打火机比火柴受欢迎？
24. 根据录音，什么是火花？
25. 说话人认为火柴最终的命运会怎样？

26～30

从已发现的旧石器出土地点来看，早在十万年前，北京平谷境内就有人类活动。而六七千年前，平谷先民就创造了光辉灿烂的上宅文化。

经过普查，目前在平谷已发现地上地下文物一百余项，其中市级文物保护单位4项，市级地下文物埋藏区3项，市级国耻纪念地2项，区级文物保护单位20项。

上宅文化填补了北京地区历史的空白。1984年发现的上宅文化，是一种既不同于中原文化也不同于东北文化的具有独特内涵的文化类型，是北京地区迄今发现最早的原始农业萌芽状态的新石器时代文化。西有周口店，东有上宅之誉。

刘家河青铜器在我国青铜器史上占有重要地位。1977年在刘家河发现商代中期墓葬，出土金、铜、玉、陶器等40余件，其中青铜礼器16件，把我国使用铁的历史向前推进了近千年。

开放的三馆，成为重要的青少年教育基地。上宅文化陈列馆，是我国第一座以考古学文化命名的博物馆，通过实物、壁画、模型等全面展示了上宅文化。鱼子山抗日战争纪念馆，位于京东大峡谷内，以冀东西部地区抗日斗争为背景，以平谷及周边地区人民抗日斗争史实为线索，充分展示了在党的领导下，军民抗日的光辉业绩。这二馆为市级爱国主义教育基地。平谷石刻艺术馆，位于黑豆峪村东方石窟内，将我区一百余件重要的石刻造像、碑刻、墓志、匾额等尽展于此。

修复中的一关一山，将为我区增添两处厚重的人文景观。平谷境内明代长城共有57公里，将军关是万里长城进入北京段东端第一个重要关口，文物专家给与高度评价。丫髻山，旧时北京曾有“五顶两山”之说，“两山”即京西妙峰山，京东丫髻山。兴于元代，盛于明清。丫髻山一是皇家祭祀之所，康熙六十大寿万寿道场就在此举行，每年内务府来此进香，乾隆、道光多次来此；二是民间庙会之地，丫髻山庙会于明代兴起，影响远及方圆数百平方公里。

平谷具有丰富的文物资源，但文物不可再生。我们要在科学保护的前提下，合理地利用，让这些凝聚着历史与文化的文物，继续发扬光大，努力为我们的今天服务，以无愧于先人，并传承给明天的子孙！

26. 上宅文化是哪一年发现的？
27. 刘家河出土的文物将我国使用铁的历史向前推进了多少年？
28. 上宅文化陈列馆的名字有什么特点？
29. 平谷境内明代长城有多长？
30. 丫髻山庙会是哪个朝代兴起的？

模拟试题三

第一部分

1～4

这几年，书市出现一个耐人寻味的现象：出版社对一些中外名著一版再版，争相出版，书商也争相购进，大批贩卖。而推动这一变化的，正是读者。

出版界呈现的怀旧情结，并非一厢情愿。中外名著在书店和书摊上，所占的分量越来越大，也不是书商们故作高雅，而是读者们愿意掏钱购买这些中外名著。不少人买名著，只是用于装点门面。从购买年龄段来看，买名著的以中青年为多，老年、少年较少，造成这一局面的原因是：想读书的老年人，许多书都已读过，特别是中国名著，而对于外国名著又缺乏兴趣。少年苦于功课多，为了应付各种考试，挤不出时间读。中青年是中外名著的主要购买者，可是有相当一部分人买书不读，而是把它的功能异化成了装饰品。在一些高校文科生宿舍，发现有许多人床头都摆有中外名著，而与他们聊起书中的一些情节时，却见他们支支吾吾接不上茬儿。后听一同学说：“现在都忙，忙课外赚钱，忙联系工作等，买这些书，根本没时间读，用来装点一下门面罢了。”针对读者的这种购书心理，一些出版社开始投其所好，更加致力于书籍的设计装潢，使这些书籍既便于收藏又美观漂亮，并系统开发出专供系列收存的“装饰书”。

在名著的购买中，公款购买、赠送更促进了名著销售形势的火爆。所以，尽管近年来名著越印越精致，书价也越来越昂贵，但名著的销售形势却并不见清淡。名著热销中喜里夹杂着忧，喜的是名著悄悄地推动着书市，使书市不致太过清淡。读者热中于名著，对当代作家也是一种提醒，创作不该只注重速度，而要更注重质量，这样有利于促进当代作家提高创作精品的意识，此为喜事。忧的是，名著好销，读者买后真正细读的不多，而是用于装点门面，这是一种悲哀，也是一种浪费。况且，因为各出版社竞相出版“美丽”的名著，抬高了书价；同时，因为一些出版社出版名著，也使一些当代作家的优秀作品难以出版，不利于文艺的繁荣。因此，对名著热要进行疏导，这样将更有利于文化事业的发展，更有利于促进社会主义精神文明的建设。

1. 是哪些人推动了名著的热销？
2. 为什么老年人买名著的比较少？
3. 为什么作者对名著热销表示忧虑？
4. 作者对名著热销感到高兴的是什么？

5～7

陶器的发明是人类发明史上的重要成果之一，是灿烂的古代文化的重要组成部分。

陶器的起源是多元的，是农耕文化发展到一定阶段的产物。黄河流域是中国古代文明的摇篮，农业生产有着悠久的历史，陶器的产生和繁荣也在这里。从考古发现来看，早在8000多年以前，已开始出现少量纹饰、器形简单的彩陶；7000至5000年前的仰韶文化，是彩陶的鼎盛时期；5000至4000年前的马家窑文化，彩陶还继续繁荣，仍然是富有代表性的文化遗存。

长江流域的新石器文化也是相当发达的，先民们以种植水稻为主，兼营渔猎，并从事制陶等原始手工业。1973年首次在浙江余姚河姆渡村发现的河姆渡文化，是长江下游已发现的年代最早的一种原始文化，和仰韶文化的年代不差上下，它出土的陶器多是夹炭黑陶。

宜兴位于长江下游的太湖之滨，它的文化类型与马家浜文化一脉相传。远在五千多年前，生活在宜兴的先民就在这片富饶美丽的土地上从事农业生产，烧制原始的陶器。

宜兴的陶瓷业在三国、南北朝时迅速发展壮大。公元220年到589年的360余年中，南北方长期陷于分裂和对峙的局面。相对而言，江南广大地区战乱较少，中原广大人民和士族地主大批渡江南下，江南经济获得迅速的发展，也促进了陶瓷业的发展。

宋代，是我国陶瓷业发展史上的一个繁荣时期，五大名窑的产品，创造了新的美学境界，不仅重视釉色之美，而且更追求釉的质地之美，形成凝重深沉的质感，使人感觉有观赏不尽的蕴蓄。宜兴均山窑的产品在这时已负盛誉，部分产品还为其他名窑，诸如位于河南禹县神后镇“均窑”和位于河南临汝县的“汝窑”所仿制。更为重要的是，北宋时作为宜兴的一个重要的陶器门类——紫砂陶，也是全国范围内别无它出的品种，已经开始登上了陶瓷业的舞台，并崭露头角。

5. 彩陶是什么时候开始出现的？
6. 关于陶器的产地，下面哪一个没有提到？
7. “紫砂陶”是什么地方生产的？

8 ～ 10

这个世界上有两种人，一种人是强者，一种人是弱者。强者给自己找不适，弱者给自己找舒适。想要变得更强，就必须学会强者的必备技能，那就是让不适变得舒适。

如果你学会了这种技能，你可以搞定很多事情，例如克服拖延、健身、学习新语言、探索未知领域等。但是很多人都倾向于回避这种不舒适，毕竟没有一件事情是简单的，都需要付出很多努力，忍受很多痛苦，甚至让自己遍体鳞伤。例如，你想要改掉拖延的毛病，你必须在任务出现的时候给自己设定时间期限，然后立即去做，直到任务完成。但是在做的过程中会有各种各样的干扰，你必须与之斗争，其过程必然是痛苦的，这种不适会持续很久，直到有一天你习以为常了，那么你也就不再拖延了。这个过程，就是让不适变得舒适，变得像睡觉前刷牙一样，成为一种习惯。

8. 强者的必备技能是什么？
9. 为什么很多人都倾向于回避不舒适的事？
10. 怎样才能改掉拖延的毛病？

第二部分

11 ～ 14

北京市文物局宣布，从今年 1 月 1 日起，市文物局所属的 16 家博物馆对中小学生一律免票。这一决定对于孩子们来讲，无疑是一个好消息。

文物局所属的博物馆，是中小学生学习历史知识的一个重要场所，博物馆里有很多历史文物，学生们可以直观地看到历史留下的痕迹，学到许多在学校学不到的知识。然而，以往由于有“门票”这道门槛，就把许多中小学生挡在了门外。虽说和许多新建的公园相比，那些博物馆的门票价格并不算太高，但是对于一些经济条件不太好的家庭来说，仍然是笔负担。

笔者喜欢参观博物馆和文物古迹，这次公布的对中小学生免票的 16 家博物馆几乎都去过，但是，笔者发现到博物馆参观的人其实并不太多，每次去参观时，展览大厅里总是空空荡荡的，显得十分冷清。笔者当时就想，与其让这些宝贵的历史文物长年累月地“闲置”，还不如免费让市民参观，哪怕免费对小学生开放也好，至少可以给冷冷清清的展览大厅带来点“人气儿”啊！

当然，中小学生免费参观博物馆，会减少博物馆的门票收入（市财政局为此已采取了相应的措施，来保证博物馆工作的正常运行），但笔者以为，对中小学生免票所带来的社会效益，远远高于博物馆损失的经济效益。此外，参观的人多了，对于提高那些博物馆的知名度也大有好处，用句时尚的套话来说，可以做到“双赢”。因此，笔者为市文物局的这一举措大声叫好！

11. 北京市文物局宣布了一个什么好消息？
12. 以前，为什么许多中小学生不去博物馆参观？

13. 作者去参观博物馆时，看到的是什么情景？
14. 作者为什么对文物局的这一举措大声叫好？

15～18

蜜蜂可以称为昆虫中最高明的建筑师。蜂巢造型之奇特，结构之巧妙，真可谓巧夺天工，很早就引起了科学家们的浓厚兴趣。科学家经过细心的观察研究，发现每个蜂房的孔洞和底部都是六边形。蜂巢的口全是朝向下方或朝向一面。蜂房建成六边形既可以节省材料，同时又可以合理利用空间，增加容量。

那么蜂巢是怎样建成的呢？蜜蜂的筑巢工作完全由工蜂来承担。它们首先吸饱花蜜，然后两只工蜂用前足紧紧地抓牢上面的物体，伸出后足让下面的两只工蜂抓住，就这样互相连接，形成两条蜂链。当达到所需的长度时，每条蜂链中的最后一只借中足的摆动和翅膀的振动，使原来的两条蜂链合并成一条环链。约经一天的休息后，工蜂会分泌出一层很薄的蜡片，这时它们才分开进行下一步筑巢工作。它们有条不紊地施工，建成一个个六边形的、相互连在一起的单间独居蜂房，最后形成一座美丽独特的蜂巢。

马蜂巢常建筑在树枝上、屋檐下、树洞间或房屋内，也有筑于地下的种类。群栖性的胡蜂一般有三个级别，即女王、工蜂和雄蜂。一般群体数量不多。女王于春季开始取木质纤维，经咀嚼成纸浆状，用以筑巢。它选好筑巢地点后，首先在树枝或屋檐木头椽子上，筑成一个短圆柱基，然后在柱基上逐步扩大，筑造成近似半月形的吊钟巢。女王筑巢完成后，在每个蜂房内产受精卵一粒，准备孵化幼虫。到第二年春季再重建新巢。女王则不再在旧巢产卵育儿，而是以旧巢为基础，在其上另建新房，一年中能造成一个十数层的，倒挂在悬崖或树枝上的“楼房”。如果建筑材料含水过多而不坚固，它们便扇动双翅将巢吹干。胡蜂这种吊钟式的“楼房”，既不占土地面积，又能高高在上，避免人类的骚扰和天敌的侵害，为人类在建筑学上提供了新的思路。

15. 蜂房的底部呈什么形状？
16. 蜜蜂的筑巢工作由谁来承担？
17. 胡蜂由谁来筑巢？
18. 胡蜂为什么一般把巢建筑在高处？

19～21

19 世纪中，美国有了较原始的冰箱，它也是用冰来制冷的。以后人们开始研究人造冰。1822 年，英国物理学家法拉第发现有些气体加压会变成液体，而常温常压下就会汽化，同时吸收大量的热。不久，德国化学家林德利用这一原理制成了冷冻机，他是用氨气来制冷的。1876 年，制成了第一艘用氨制冷的冷藏船“罗萨姆号”，船里装满了羊肉，没想到船刚从澳大利亚的悉尼港起航，却因盐水冷却管漏水，制冷系统失灵而造成羊肉变质。但人们并没有就此罢休，1879 年，经改进的冷藏船“斯特拉斯列文”号满载 40 吨牛羊肉，从悉尼港向伦敦进发了，历时几个月才到达目的地。当打开船舱时，牛羊肉还冻得硬邦邦的，一点也没有变质。制冷设备的研究取得了成功。

20 世纪初，电冰箱向家用化、小型化发展。1921 年，瑞典的蒙特斯和冯·普拉腾首先发明了电冰箱。我国的电冰箱发展于80年代，如今正在向节能、不污染环境的方向发展。

19. 较原始的冰箱是用什么来制冷的？
20. “罗萨姆号”船上的羊肉为什么变质了？
21. 目前冰箱发展的趋势是什么？

22～25

满桌的美味佳肴，似乎并没有引起明明多大兴趣。他那双充满稚气的眼睛，只注意客人们带进来的大大小小形状不一的提包——早有“内部情报”透露，今晚的宴席上，明明将要得到一些礼物，且大多是进口货哩！

这是省城一家中等餐馆的单间，来客嘛，其实全是自己家里的人。“……大家举杯，祝贺我们的明明考上了北京有名的工业大学！”待服务小姐为在座各位的杯子里斟上红葡萄酒或果汁后，爷爷笑吟吟地首先提议。

“爸、妈，让您二老破费了。”明明的妈妈不好意思地说，“明明考上了名牌大学，本应我们请大家。”“尽说些孩子话，明明的爸爸下岗一年多了，我又不是不知道……”爷爷说着提高了嗓音，“今天是大喜的日子，不谈这些。明明，爱吃什么自己夹，待会儿爷爷还要送你一件礼物呢！”

“……爷爷能送我什么礼物？”明明眨眨眼，小脑瓜转个不停，心说：“没见爷爷奶奶提着什么包进来呀！”

直到宴席进入尾声，叔叔婶婶、姑姑姑父以及小姨等，把意大利皮鞋、美国牛仔裤、日本高级文具盒、圆珠笔等礼物堆放在明明面前时，也没见爷爷拿出什么礼品来。爷爷退休前，是本省驻京办事处的官员，说话、办事向来很认真，今天不会诓我吧？明明自语的同时，扭脸看了一眼坐在首席座位上的爷爷。巧得很，爷爷那慈祥的目光，正迎向自己可爱的孙子，“明明过来，爷爷把这块戴了二三十年的上海牌手表作为礼物送给你……”

明明几乎愣住了，失望的心情自然流露在脸上：闹了半天，爷爷只送我这么块国产手表，太没意思了。爷爷读懂了孙子的内心世界，于是结合眼下某些洋货冲击国内市场，一些人崇外思想较重等现象，讲起了当年周总理出国访问时，不戴世界名表，专戴国产上海表的故事。明明听着听着，满脸稚气逐渐遁去，他完全理解了爷爷在自己考上北京名牌大学时，送他这块上海牌手表的良苦用心……

22. 今晚举办宴席的原因是什么？
23. 亲戚们送给明明的礼物有什么共同点？
24. 收到爷爷的礼物，明明的心情是什么样的？
25. 爷爷为什么要把自己的手表送给明明？

26～30

地处我国最北端的大兴安岭林区素有“天然动物园”之称。在大兴安岭林业管理局的辖区内，仅林地面积就达651万公顷，各类湿地面积105万公顷。据统计，这一林区的野生动物资源多达320种，其中被列入国家重点保护的动物就有55种。

“天然林保护”工程在这一林区实施以来，林区内的生态环境得到了明显改观。伴随着木材产量的大幅调减和林区人的多方保护，在大兴安岭林区内繁衍生息的野生动物数量近年也开始大幅度增加。漫山遍野獐鹿跑、森林处处闻啼鸟的景象，在这一林区重新显现。

为保护好这些重返家园的野生动物，黑龙江大兴安岭地区加大了对野生动物保护的宣传。除利用新闻媒体进行广泛宣传外，有关部门还深入到乡镇街道、偏远村屯和林场向人们宣传《森林法》《野生动物保护法》等法律法规，帮助林区群众牢固树立起爱护野生动物的思想观念。

为了给野生动物创造良好的生存环境，大兴安岭地区开展了一系列保护野生动物的执法检查活动，严厉打击了乱捕滥猎和非法倒卖、经营野生动物及其产品的违法行为。在每年元旦、春节前后的违法案件“高发期”，还组织执法人员深入到各交通要道进行检查，做到山上控制源头，山下检查市场。

目前，大兴安岭地区资源局正在计划将自然保护区面积进一步扩大。按照规划，到2020年末，在现有7个自然保护区的基础上，再新建8个自然保护区，使保护区面积由目前的120万公顷增加到150万公顷，让野生动物在这里安然地繁衍生息。

26. 大兴安岭林区的野生动物资源有多少种？

27. 大兴安岭林区的生态环境为什么得到了明显改观？

28. 大兴安岭地区如何加大对野生动物保护的宣传？

29. 在新年、春节前后的违法案件“高发期”，大兴安岭地区执法人员如何开展执法活动？

30. 到2020年末，大兴安岭地区将有多少个自然保护区？

模拟试题四

第一部分

1～4

超负荷工作，不但会给身体也会给心理带来压力。专家们分析说，精神上的压力过大，往往导致各种疾病，或者让人养成一些不良习惯，如抽闷烟、暴饮暴食等，这些情况或者致命，或者会演变成致命疾病。那么除了下班后的常规方法，如阅读、倾诉、在家看电视、蒙头大睡、郊游旅行、网络聊天之外，还有哪些减压之道值得我们借鉴呢？

一、暴力减压

据说有一家“减压餐馆”，用餐客人可以任意掀翻桌子、摔断椅子。北京一家知名企业办事处的办公室角落里也堆着各式各样的流氓兔，专供员工们拳打脚踢。另据一项在北京的调查，84％的男受访者喜欢观看足球比赛，而女观众居然也超过了半数。可见这类让情绪尽情释放的比赛，越来越受到欢迎。

二、写作减压

“把烦恼写出来。”心理健康协会倍加推崇写作减压这种方式，写作的内容是什么呢？你的压力体验，你生理、心理上的一切烦恼。早在1988年，就有一些心理健康专家做过测试，一组人员专写压力和烦恼；另一组人员则只写日常浅显的话题。每4天一个周期，持续6周后，结果前一组人员心态更加积极，病症较少。

这些测试说明了一个道理：写作是一种效果显著的减压办法，只要一支笔、一张纸，走到哪里都可以实行。不仅医院大夫鼓励病人记病床日记，就连一些书店也开始卖空白病历日志，甚至还有专门的书籍和杂志指导病人如何操作。

三、睡眠减压

有了旺盛的精力，才能抵制住压力的侵袭，睡眠便是一个重要保证。专家给出以下别出心裁的建议：

如果外界噪声让你难以入眠，那就人为制造一些“白色噪声”，比如让电视机一直小声地开着，盖过讨厌的噪声。

睡觉前少量吃些小点心，只一点点是不会发胖的，这样夜里就不至于因为饥饿而惊醒。

金枪鱼、火鸡精肉、香蕉、热牛奶、中草药茶等食物都可以催眠。脂肪高、辛辣的食物在消化过程中都会让你无法入睡。

如果上床后脑子里还在想事情，那就在床头放一个录音机、记事本什么的，这样一来，想到什么就能马上记录下来，不用担心第二天醒来会忘记。

1. 在“减压餐馆”，人们不能做什么？
2. 世界杯足球赛为什么越来越受欢迎？
3. 大夫为什么鼓励病人写日记？
4. 如果你无法入睡，可以采用下面哪个办法？

5～7

随着我国城市家庭装修的兴起，装修产生的室内环境污染问题日趋严重。目前，我国每年新增约4万名白血病患者，其中50%是儿童，而且以2至7岁的城市白血病患儿为主，而家庭装修导致室内环境污染，被认为是导致城市白血病患儿增多的主要原因。

去年我国正式实施的第一部《室内空气质量标准》，把室内环境污染分为三大类。一、化学污染：主要来自装修、家具、玩具、煤气热水器、杀虫喷雾剂、化妆品、抽烟、厨房的油烟等；二、物理污染：主要来自室外及室内的电器设备产生的噪声、光和建筑装饰材料产生的放射性污染等；三、生物污染：主要来自室内寄生的螨虫、细菌、病毒等其他微生物。

一项调查表明，城市居民每天在室内工作、学习和生活的时间长达21.53小时，占全天时间的90%。长期工作、生活在空气污染严重的居室内，可导致人体多系统、多脏器健康损害，尤其是人的肺，在呼吸的同时又担当了过滤器的功能，装修污染最常引起的呼吸系统刺激症状，表现为咳嗽、气短、哮喘等。此外，皮肤黏膜刺激症状也很常见，如过敏。

那么，如何最大程度地降低室内污染？专家建议，最简单的办法是每天清晨要坚持开窗通风，至少半小时。同时，可以选用专业的空气净化器，实验证明，这也是改善室内空气的有效办法。目前，市场常见的空气净化器，经验证对清除室内微生物、改善空气质量有不错的效果。但中消协强调，根除室内环境污染，归根到底有赖于建材市场的净化和装修队伍的规范。专家呼吁，行业和政府部门应尽快建立、健全国内建材、装修市场的监管体系。

5. 导致城市白血病患儿增多的主要原因是什么？
6. 室内环境污染可以分为几大类？
7. 下面哪一个不是降低室内污染的可行办法？

8～10

干电池差不多是当今人们电器化生活中的必需品。电视机、CD机、VCD机、DVD机、空调等等家用电器、设备都配有遥控器。遥控器用的是干电池，没有干电池，遥控器带来的种种方便你就享用不到。随身的小电器更多，录放机、复读机、采访机、随身听等等，这些东西离了干电池也是摆设。干电池的用途广，用量大，它在人们的家庭现代化、随身电器化方面发挥了重要作用，是提升和展现人们生活质量的重要一环。现今干电池的供应也很充足，谁都用不着为买电池着急上火。不要说大商场、大超市，就是街巷内的杂货铺、地摊儿都能买到电池。来得容易，对用完了的废旧电池也就不太在意，不太经心。可您知道，这样做的危害有多大吗？一节废弃的干电池能使1平方米土地50年寸草不生。电池中含有能严重损害人体健康的金属化合物：汞、镍、铅、锌、锰、酸、碱。废旧电池对河流、湖泊、地下水、土地的污染危及着人类健康，破坏着人类的生存环境。为此联合国环境规划署签署了“控制危险废物越境转移及处置巴塞尔公约”，我国国家环保总局、国家经贸委、国家外经委、公安部也联合颁布了“国家危险废物名录”。这些文件所列危险废物中都包含了电池原料里带有的那些有害化合物。

废旧电池的污染危害真是触目惊心。但大多数人对这种危害并不了解，更谈不上认识。

据有关部门统计，我国每年消耗干电池180亿颗，而且以10%的速度递增，仅北京市每年消耗就达6000多吨，而回收仅百吨，回收率不足2%。也就是说，大部分未被回收，当垃圾处理了，这必然污染环境，危害人体健康。

现在不同了，通过科研单位——北京昊伟星光科技有限公司的科技攻关，解决了这个难题。人们只需将用过的废电池经过GS—0201碱性干电池充电仪的再次充电，就可将它变废为宝，而且每节电池可以反复充电上百次，相当于一节电池作为上百节电池来用，既节省了资金，也减少了废旧干电池对环境的污染。

人类的生活质量，不仅体现在电器的普及和使用的方便上，更体现在绿色健康上。干电池充电仪虽然还没有最终根除废旧干电池对环境的污染，但毕竟是朝着保护生态环境迈出了极大的一步。

8. 目前人们对废旧电池的态度如何？

9. 目前我国废旧电池的回收情况如何？

10. GS－0201 碱性干电池充电仪的用途是什么？

第二部分

11～14

屠夫是一种辛苦的职业，他们需要每天起早，把羊宰了，然后摸黑把羊肉运到早市上去卖。

邻村有一个老年屠夫。有一天清晨，他用自行车驮着羊肉到镇上的集市去，但在小路上，其中的几块羊肉掉了，他却浑然不知。

有一位老农清早路过这条小路，他没有发现地上有羊肉。他在田地看了看庄稼后，就来到马路上的菜场上，买了两斤羊肉、一块羊肝，然后拎着从小路上返回家。

晚上的时候，那位屠夫找上门来，说他掉落的羊肉被老农捡到了，让他归还。老农向他解释了这羊肉、羊肝是自己花钱买的，屠夫根本不信。他说："这世上哪有这么巧的事呢，我刚好掉了羊肉和羊肝，你偏偏买了羊肉和羊肝。"

老农没法向他解释，只好赔了屠夫 30 元钱。

过了几天，屠夫却再次登门，向老农道歉，说是他冤枉老农了，他掉的东西不是老农捡到的，而是另有其人。屠夫手中拎着一只羊腿，算是补偿。老农执意不收。后来，他们便成了朋友。

这位老农就是我的父亲。父亲对我说起这件事时说："当时赔他钱，是因为他太可怜了，儿子出了车祸，他要供养两个孙子上学，就算是做点善事吧。"

一个人如果不知道维护自己的利益，就会被人认为愚蠢。父亲在这件事后，许多人都认为父亲很愚蠢，那个冤枉他的人应该为此付出代价。在父亲的生活经验中，我记得他经常会去干这样被人误解的事。从内心来说，我也觉得父亲有些笨。但是，有时候我不得不被这种笨感动。他所做的这一切，好像是一种习惯，根本不会顾及自己的利益，而且每做一件别人认为的傻事，他都会找到一个合适的理由，不会为自己所做的一切感到烦恼。

这让我想起一个真实的故事。有一位运动员在国际比赛中得到了金牌，得到了一大笔钱。有一个人找上门来，说他有一个女儿，不幸患上了绝症，正躺在医院里等待手术，可是他实在筹不到那么多钱，而且他已经为医治女儿的病负债累累了。于是，运动员为他的女儿捐出了一大笔钱。不久，有人告诉他："他是个骗子，他的确有个女儿，但从来不曾患病。"运动员听后，笑笑说："这不是更好，这世上少了一个患绝症的女孩，我真为她感到高兴。"

当初听到这个故事，真的很感动。什么才是善良，善良是一种习惯，自然得就像呼吸一般。

11. 老农的羊肉是怎么来的？

12. 屠夫为什么再次登门向老农道歉？

13. 老农为什么赔了屠夫 30 元钱？

14. 运动员知道自己被骗以后是什么心情？

15～17

“二十三，糖瓜粘，请香放炮过小年。芝麻秸，撒满院，灶王爷骑马上西天。”喜庆的儿歌讲述着老北京家家户户过小年的热闹与喜悦，同时也拉开了由老舍同名小说改编的北京曲剧《正红旗下》的序幕。

北京曲剧，是北京的地方戏。它扎根于老北京文化，主要讲述北京人的生活。以单弦曲牌为主要音乐素材，同时兼收北方曲艺和民间曲调。它京味儿浓郁、表演朴实、演唱清晰、说唱结合，具有独特的艺术风格。

深爱老北京的老舍先生与曲剧有着不解之缘。上个世纪50年代，北京曲剧尚处雏形，老舍先生就对这个充溢着老北京风情、生机勃勃的艺术形式寄予了极大关注。1952年老舍先生亲自来到剧社，与魏喜奎等曲剧老一代演员探讨“曲艺剧”，指出它的音乐风格不统一，尚待戏剧化的一面，还拿出自己新写的剧本《柳树井》交给演员排练，与演员们一起研究确定唱腔曲牌，并按照曲牌的格式逐句修改了唱词，从而确定了以单弦牌子曲统一“曲艺剧”音乐风格的发展方向。老舍先生建议改造旧有的曲牌，逐渐创造与曲牌情调相近的新歌曲，以补充旧曲牌在表现情绪方面的不足。并建议要不断挖掘老曲牌，这样情调既可一致，又可以保存住民族艺术的遗产。

在老舍先生的殷切关怀和剧团演职人员的努力下，当年《柳树井》的上演得到了各方面的好评。老舍先生提议将这种剧目定名为“北京曲剧”，还高兴地讲：“你们做了一件了不起的事情，填补了北京没有地方剧种的历史空白。”先生满怀期望地为曲剧设想未来：用北京的语言、北京的音乐素材创造中国式的民族歌剧。

如今排演老舍先生的作品已然成为北京曲剧的传统。从标志曲剧诞生的《柳树井》，到《骆驼祥子》、《方珍珠》，到近年来的《茶馆》、《龙须沟》、《四世同堂》，直至今年新推出的《正红旗下》，北京市曲剧团也成为戏曲院团上演老舍先生作品最多的剧团。

《正红旗下》是带有老舍自传体性质的作品，胡絜青曾撰文指出，“其中的父亲、母亲、姑姑、大姐、大姐夫、大姐公公、大姐婆婆、舅家的二哥福海都有实际原型可查，老舍家中确有过其人，而且他们的社会地位也大体相当。”而这些人物都一一展现在了曲剧《正红旗下》中，清末旗人过小年、办洗三、闹新年、庆满月等民俗风情也历历再现。

15. 北京曲剧以什么为主要内容？
16. 作为一种剧目，“北京曲剧”定名于哪一年？
17. 标志曲剧诞生的是老舍先生的哪一部作品？

18～20

武夷山包括武夷山风景区和自然保护区，其中风景区方圆60平方公里，人们称它为“奇秀甲东南”，其景色被概括为“三三九九”，“三三”指盘曲山中长约9公里的九曲溪，“九九”指的是夹崖森列的99岩。

武夷山风景的精华在九曲溪，溪水碧清，折复绕山，形成“曲曲山回转，峰峰水抱流”的九曲之胜，武夷山中最著名的一些山峰和高插于悬崖峭壁上的神秘悬棺都列在九曲溪边。景区内还有遇林亭、宋代瓷窑遗址、武夷宫等游览景点，极具人文价值。

武夷山自然保护区是我国东南现存面积最大、保留最为完整的亚热带森林生态系统，区内峰峦林立，原始森林茂密，景色融雄浑、古朴、隽秀于一体，而且有着极为丰富的生物资源，被纳入联合国“人与自然”保护区。

这里不仅风景秀丽，还有着悠久的人文传统，历史上有过夏、商、西汉和南宋等多次鼎盛时期，如以架壑船棺为象征的古越族文化时期，以城村古汉城为标志的西汉文化时期和以朱熹为代表的宋朝理学文化时期，这些都为这座名山增添了深厚的历史感。

武夷山市是福建省惟一以名山命名的旅游城市，它的前身为崇安县，建置于北宋淳化五年（公元994年），1989年8月撤县建市。境内气候宜人，风光秀美，物产丰富，历史悠久，人文荟萃，旅游资源得天独厚，是全国著名的茶区、粮区、林区和革命老区。改革开放后，国家先后在此设立重点自然保护区、重点风景旅游区、旅游度假区和一类航空口岸；现在武夷山市已成为福建北部的旅游、经济和文化中心。

18. 武夷山由哪两部分组成？
19. 武夷山为什么被纳入联合国“人与自然”保护区？
20. 现在武夷山市是一个什么样的城市？

21～22

菲律宾鹰是菲律宾的“国鸟”，被人们赞为世界上“最高贵的飞翔者”，但这种珍稀鸟类目前已经濒临灭绝。

据粗略估计，目前菲律宾仅存不到500对菲律宾鹰，主要集中在棉兰老岛的雨林中。为了挽救濒危的菲律宾鹰，“菲律宾鹰中心”研究人员数十年来一直致力于人工繁殖。一只名叫“卡巴延”的17个月大的鹰，上月被研究人员放飞，成为从这里飞出去的第一只人工培育的菲律宾鹰。

菲律宾鹰繁育计划负责人多明戈·塔德纳说，他们在小卡巴延的身上安装了一个重约70克的信号发射器，以便生物学家监测它的一举一动，到目前为止，它在大自然中生活得还不错，能够在几公里的范围内活动、捕食。

据总部设在美国爱达荷州的世界食肉鸟类中心的统计，菲律宾鹰是目前所有大型森林鹰类中最为珍稀的一种，其翼展长达2.2米。由于以前受到法律的严格保护，菲律宾鹰在这个群岛国家随处可见；而现在，只能在吕宋岛、萨马岛、莱特岛及棉兰老岛南部偶尔见到它们的踪影。

21. 为挽救菲律宾鹰，研究人员采用了什么方法？
22. 菲律宾鹰以前为什么有很多？

23～25

森林是陆地生态系统的主体，对维持陆地生态平衡起着决定性的作用。但是，最近100多年来，人类对森林的破坏达到了十分惊人的程度。人类文明初期地球陆地的2/3被森林所覆盖，约为76亿公顷；19世纪中期减少到56亿公顷；20世纪末期锐减到34.4亿公顷，森林覆盖率下降到27%。科学家说：由于大量森林被毁，已经使人类生存的地球出现了比任何问题都要难以对付的严重生态危机，生态危机有可能取代核战争成为人类面临的最大威胁。森林锐减直接导致了全球六大生态危机。

历史上，古巴比伦、古埃及、古印度以及我国古黄河文明的发祥地，原来都是森林茂密、水草丰盛的地方，由于森林植被的破坏，已经导致了文明的衰落和转移。而扎格罗斯山和波斯高原的森林草原被大规模破坏，造成严重沙化，巴比伦文明遭到毁灭性的灾难。在非洲一些地区，20世纪50年代以前还有许多森林植被，由于滥伐滥垦，许多地区如今已变成沙漠。撒哈拉沙漠每年向南侵吞150万公顷土地，向北侵吞10万公顷农田，现已向南扩展了56万平方公里。南美洲的哥伦比亚，在近150年间由于砍伐了1500万公顷的森林，导致200万公顷土地变成荒漠。目前，全球荒漠化土地面积已经达到3600万平方公里，占陆地总面积的1/4，成为全球生态的“头号杀手”，而且每年仍以5万至7万平方公里的速度在扩展；全世界受荒漠化危害的国家达110多个，10亿人口受到直接威胁。这意味着，地球上已有1/4的土地基本失去了人类生存的条件，1/6的人口受到危害。

23. 森林的重要性是什么？

24. 20世纪末期，地球上的森林覆盖率是多少？

25. 目前，全球生态的“头号杀手”指的是什么？

26～30

我是一名厨师，我对工作环境要求非常高。因为厨房的卫生情况、油烟的排放都直接影响到厨师的健康。我所在的宾馆就相当好，不仅是因为厨房设备等硬件过硬，领导也对我关怀备至。有不少饭店、宾馆提供很优厚的待遇邀请我到他们那里工作，但考虑到领导对我一直都很关心、信任，我还是留在了原来的单位。

我一直坚持与上级、同事保持和谐、融洽的关系，因为这样做对工作、健康有百利而无一害。但出于本身的性格，当看到工作上的错误时我常会不留情面地批评一通。好在我们的员工都比较了解我、尊重我，也知道我是针对事情本身，不是乱发脾气。良好的工作环境不但让人心情舒畅，还让人充满了工作动力。

我喜欢烹饪，经常练练基本功。厨师这个职业要有很好的体质，像我这样的年龄、这样的资历还在灶上做菜真是寥寥无几。长时间站在灶前掂勺，对腰腿臂腕的力量都有很高的要求，因此，我比较注意锻炼，生活也极有规律。在单位，能爬楼梯的就尽量不乘电梯。平时运动的机会不多，就应该多抓紧锻炼身体的机会。此外，我经常按摩脸部和头部，每顿饭后都刷牙，实在没有条件也要漱口。所以我感冒少，皱纹少，白发少，牙齿坚固。

我对菜肴的口味、口感非常敏感，但我的饮食特别简单清淡。早餐一定有大饼、豆浆，正餐是一个蔬菜、一个汤，有时会加个荤菜。蔬菜吃得最多的是黄瓜和苦瓜，汤用清水烧，绝不用高汤。其实，我的胃口挺不错，但由于年龄和工作的关系，控制饮食对我很有必要。不过我吃的菜原料虽然简单，但是味道是相当不错的。

健康的身体和家庭和睦也是密不可分的。我年轻时性格急躁，家里小吵经常有。后来有人教了我一个办法，在非常生气的时候出门转一圈，气消了再回来，千万别在气头上争执。现在我很体谅我的夫人，长年来她细心持家，把家里照顾得很好，我应该多迁就她一些。现在至少每个月一次，我们全家会在周末开车到郊区的风景区游玩。这样的天伦之乐我觉得特别珍贵，应该好好享受。

我的消费观念比较超前，总觉得心情好是第一位，所以花钱不太心疼。钱是为人服务的，只要用在有价值的地方，多些少些不用过分计较。几年前我就贷款为自己买了辆汽车。用了这么多年，价值都体现出来了。我觉得这样的消费观念很好，还能在事业上激励自己不断奋斗。

工作尽心、与人友善、家庭和睦、坚持锻炼、控制饮食组成了我的健康生活，虽然已经到了谈养生的年龄，但我仍在不懈努力想要把握更精彩的明天。

26. 员工工作上出现错误的时候，作者经常如何反应？
27. 为什么说厨师这个职业要有很好的体质？
28. 作者为什么要控制饮食？
29. 作者在家里生气的时候一般怎么做？
30. 作者对钱的看法是怎样的？

模拟试题五

第一部分

1～4

我父亲宠佳佳实在是宠得没了样子。一天两餐，餐餐鲜鱼，而且非得是河鲫鱼，如果不是河鲫鱼她看一眼掉头就走开，闻都没兴趣闻。你再把碗放到它面前，它就柔柔地叫，目光很是不解地看着父亲，向父亲告状：怎么让我吃这种鱼呀？

吃饭时，如果有好菜，父亲必定是一边喝着酒一边用两个手指叩击桌面，佳佳双眼一亮，立刻跳到父亲的膝盖上，父亲自己吃一口，喂它一口。它依恋父亲，只要父亲在家，它就前前后后地跟着父亲。

按理说再怎么宠，猫总是猫，有一只猫在家里，应该是无鼠患之忧了。可谁都没想到，佳佳如同虚设，竟还不如一只电动猫的威力。家里的老鼠登堂入室，如入无人之境。厨房里根本不能放东西。

一天，我们一家人正在吃饭，突然，见佳佳惊恐地从天井里亡命似的逃进屋来。大家回头一看，原来是一只硕鼠。一家人看得目瞪口呆：这猫、这猫居然怕老鼠！

不过，第二天早上，奇迹出现了，我一起床，只见床前排列了七只老鼠，七只老鼠像七个音符，排得整整齐齐。不过七只老鼠都比花生米大不了多少。我的两个小外甥看了一阵，突然挥舞双手大喊大叫："佳佳会抓老鼠了！佳佳会抓老鼠了！"

受到表扬的佳佳显然很受鼓舞，它似乎开始明白自己应该干什么，开始懂得了自己的天职，有时候它会长时间地守候在老鼠经常出没的地方。

但是过了很长时间，也没见佳佳抓到一只老鼠。不管怎么说，佳佳总是在尽心尽力地抓老鼠。有一次，佳佳居然又抓了一只老鼠，这只老鼠要比头一回的大，不过也只有拇指般大。这说明它总是在进步。一家人于是又大大地表扬了佳佳一番。佳佳依然瞪着它那双柔柔的眼睛，依然让人不敢对它抓大老鼠抱有信心。

伤心的事情终于发生了。一天晚上，佳佳惊慌得箭一般地射到父亲身边，我们回头一看，一只大老鼠从灶台下钻出个鼠头，正“鼠视眈眈”地瞪着佳佳。父亲一下子就惊呆了，父亲拍拍佳佳的脑袋，推佳佳：“佳佳，不要怕，去抓，那是老鼠。”可是佳佳竟一个劲地往后退。我的小外甥很聪明，说：“小老鼠抓完了，大老鼠老死了，就没有老鼠了。”

1. 佳佳每天吃什么？
2. 关于佳佳，我们知道什么？
3. 佳佳一共抓了几只老鼠？
4. 一家人对佳佳抓大老鼠持什么态度？

5～7

我国是世界钟表的发明国，这一历史事实已经成为国际专业领域内的共识。中国与世界制表艺术，尤其是与瑞士钟表的联系也是非常紧密的。中国人早已认同瑞士在钟表制造方面所体现的传统观念和文化品位。钟表对于许多人来说，已经成为融合了传统工艺和创新技术的工艺品。

第一个传入我国的大型钟表是1583年经过澳门送给当时广东官员的礼物。至1601年，明朝的万历皇帝也收到两件作为礼品的钟表。一件是巨大的自鸣钟，一件是有中国图案装饰风格的座钟。皇帝还特别派人学习钟表部件的作用、原理和调整、保养的方法。

清朝时期，有两位皇帝是钟表的喜爱者，一个是康熙，另一个是乾隆。他们把机械钟表看做是有趣和精巧的玩意儿，并且把它们作为外观华丽、造型奇特的装饰品，用以陈列和使用。到18世纪末期，我国对于钟表欣赏的审美观以及独特品位已经展现出来了，同时，钟表贸易也在广东不断发展。其中一些外国钟表公司有自己的分支机构，甚至为了使自己的产品更加让中国人熟悉，还使用了广东话的音译作为商标名称的发音。在1842年，开放的港口地区吸引了来自瑞士、法国及德国的商人在上海、天津及香港等地发展贸易。19世纪初期，被称做“中国表”的产品大为流行，它们的特点是外表装饰精美、机芯雕刻精细。至19世纪末期，多家瑞士品牌已在中国开拓市场。与此同时，我国也有了自己的民族钟表工业。据国际著名钟表大师乔大羽先生的权威资料，1875年为中国近代钟表工业的开端。

在20世纪的时候，一些主要的瑞士品牌进入我国，因而我国成为瑞士钟表业的主要客户。不仅如此，也有一些中国人为钟表文化的传播做出了巨大的贡献，其中一位就是乔大羽先生。他也是在世界范围内提出“中国人开创了钟表史——钟表是中国古代五大发明之一”的第一人，并且为了宣传这一观点做出了不懈的努力。

现在，我国已经有越来越多的人开始喜欢钟表这个有着悠久发展历史的计时工具了，同时也被钟表文化中蕴藏的深刻内涵所折服。

5. 第一个大型钟表传入我国是什么时候？

6. 18 世纪末期，广东的外国钟表公司为了让中国人熟悉他们的产品，采取了什么办法？
7. 乔大羽先生为钟表文化的传播做出了什么贡献？

8～10

浙江温州市一家公司的一名业主，近日在当地报纸刊登一则巨资聘请专职家庭教师的广告，允诺如果孩子考上大学，一次性奖励该教师 15 万元，此举引起了公众的议论。

登广告的业主称，经过十几年的经营，钱已不成问题，他和妻子把所有的心思都放到年仅 14 岁、正在读初一的儿子身上。儿子蛮懂事的，也喜欢读书，但不知道什么原因，成绩总属一般。几经考虑与斟酌，便在报上刊出了招聘专职家庭教师的广告，要求应聘者具有大学本科以上学历，懂电脑，外语达国家四级。具体待遇：包吃、住，配有空调、电脑。月工资 1200 元以上。教学效果好的话，年度成绩班级前五名奖励 3000 元，年级前十名奖励 8000 元，如果考取高等院校，一次性奖励 15 万元。

一名大学毕业不久的青年应聘专职家庭教师，已与业主签订了一年的合同。按规定，一年中，他将不能从事任何其他与家教无关的事务。他的具体上班时间是从下午 6 时开始。

一些教育界人士认为，巨资聘请专职家庭教师并不一定会对孩子的成长和发展带来太多的好处。

8. 这位家长为什么给儿子请家庭教师？
9. 下面哪一个不是对应聘者的要求？
10. 教育界人士对出巨资聘请家教持什么态度？

第二部分

11～14

中国目前规模最大的湿地博物馆黄河口湿地博物馆近日在山东省东营市建成。

黄河口湿地博物馆具有收藏、展示、科研等多种功能，占地面积为 7856 平方米，建筑面积为 3751 平方米。整个建筑高雅、清新、流畅，既能显示黄河口河海相融形成的黄河三角洲宽广的气势，又能体现自然保护区新生湿地生态系统的特点。

黄河三角洲国家级自然保护区位于黄河入海口两侧新淤地带，总面积为 15.3 万公顷。它是联合国环境署重点保护的全球 13 处湿地之一，也是中国暖温带最完整、最广阔、最年轻的湿地生态系统。另外，作为全国最大的河口三角洲自然保护区，它还是东北亚内陆和环西太平洋鸟类迁徙的重要中转站、越冬栖息和繁殖地。湿地内共有植物 393 种，野生动物 1542 种，其中，属国家一类重点保护的野生动物有 11 种，包括丹顶鹤、白头鹤、白鹳、金雕、大鸨、中华秋沙鸭、白尾海雕等，属国家二级重点保护的野生动物有 47 种，是世界濒危鸟类黑嘴鸥的重要繁殖地。新建成的黄河口湿地博物馆将逐步收藏、展示保护区内的稀有资源，并向海内外学者和各研究机构以及大中专院校开放。

11. 黄河口湿地博物馆有什么功能？
12. 黄河口三角洲自然保护区的地理位置有什么重要性？

13. 在黄河口三角洲自然保护区，属国家一类和二类重点保护的野生动物共有多少种？

14. 在全球范围内，联合国环境署重点保护的湿地一共有多少处？

15 ～ 18

在城市的大街小巷、社区住处、树下路边，都可以看到很多外观老化、积满树叶和灰尘、车窗破碎的汽车、摩托车、电动车、自行车等。这些废弃车辆挤占了交通要道等公共资源，不仅造成交通拥堵，给人民出行带来不便，也可能因为汽油挥发等原因造成自燃，毁坏公共财物。它们成了车主素质的照妖镜，更考验着城市管理者精细化管理的水平。

废弃车辆占道的原因在于两方面。一方面，监管周期长、监管难。从法律上讲，这些车辆属于公民的私有财产，因此在处置原则上应该以通知、告知等方式依法与车主取得联系，协商后对车辆进行合法处置，但是在落实过程中，车主联系不上、车主拖延等多重障碍都导致了监管的周期特别长，也增大了行政执法的压力。另一方面，是车主的利益经济账问题。对一台已经无法使用的车，走正规报废程序的流程太繁琐，花费的时间成本和报废车辆区区几百元的报废款无可比性，再加上零件不齐要被扣报废款、拖车需要自费等多种原因，很多车主选择了弃车于路边。

大鹏之动非一羽之轻，骐骥之速非一足之力，要想解决这个难题，需要多措并举。首先，加大媒体宣传，发挥舆论导向作用，让车主意识到废弃车辆长期占用公共资源的危害，如果造成火灾等事故，车主要承担的不仅仅是经济赔偿，更有法律追责。其次，简化报废流程，提高报废补贴。改变以往按吨计价的报废计费方式，变为根据车辆状况估价的合理评估体系，打消车主经济账的顾虑。最后，多个监管部门需要各司其职、通力合作，对于故意不遵守报废流程的车主进行处罚，更可以鼓励市民通过随手拍等方式有奖举报，做到处处都是天眼，让这一城市管理痛事无处藏身。

15. 废弃车辆有什么特点？
16. 废弃车辆给社会带来了什么危害？
17. 什么原因导致了对废弃车辆监管的周期特别长？
18. 在提高报废补贴方面，说话人有什么建议？

19 ～ 22

从微波炉的诞生到现在已有40余年的历史。1940年，两位教授发明了能高效地产生大功率微波能量的磁控管，当时只是应用在雷达技术上。1945年，一位发明者发现了微波生热的现象，并在1947年成功地研制出了一种名叫“雷达波炉”的落地式商用微波炉，但由于体积大、价格贵，其销量并不理想。直到1967年，一家公司的创始人经过认真试制和广泛市场调查，于当年推出了当时最先进的微波炉，而且售价不到500元，特别是炉门采用了能防止微波泄露的抗流密封门，其安全性较以前有了提高。微波炉市场开始飞跃性地发展，1972年，微波炉销量达52万台，到20世纪80年代，年销量已超过1000万台。

在20世纪60年代，日本东芝公司首先成套引进了美国微波炉生产线。到60年代末，诸如松下、夏普、东芝等公司生产的微波炉开始打入美国市场。韩国也紧跟其后，大批量投产微波炉，跨入国际市场，以至于现在美国、日本、韩国成了世界微波炉的三大生产基地。

一般人听到微波炉的功耗要达1000瓦左右，觉得微波炉一定很费电。买台微波炉虽然贵一些，只是一次性投资，但以后经常使用电费可吃不消。其实这是对微波炉的一种误解，微波炉是一种节能产品。

微波炉中的微波只对含有水分和油脂的食品加热，而且几乎是内外同时进行，再者，微波不会加热空气、容器和器具本身，和以前传统方法相比，热量损失少，烹饪速度快。从各种加热方式的热导率来看，煤气是55%，煤炉是30%，电炉丝是60%，而微波炉高达95%，微波炉在能源的有效利用率上是最高的。在等值耗能和等值消耗费用的条件下，对同等重量的加热食品进行对比试验，其结果表明微波炉节电、节能的效果相当明显，它比电炉节能65%，比煤气节能40%。如此看来，微波炉不但不费电，还可以节省开支。

19. 落地式商用微波炉的成功研制是在哪一年？
20. “雷达波炉”的销量为什么不理想？
21. 目前世界微波炉三大生产基地是指哪些地方？
22. 从能源消耗来看，微波炉是一种什么产品？

23～25

我们一家三口人，月收入不足1000元，是典型的工薪阶层。我们治家牢牢记住“没啥别没钱，有啥别有病”的信条，勤俭持家。从不对奢侈之物做渴求之想。购物时算计花，根据家里的生活需要，有计划地去买。不偏听偏信什么东西便宜就心血来潮，更不上“清仓处理、大亏本、大减价、买一送一”等叫卖声的当，不赶时髦，不追“新潮”。我们有钱专买半年闲，夏天买纯毛呢子大衣、皮衣，冬天买电冰箱、空调，比旺季购买时价格便宜，并坚持记好“家庭理财账”，为算计到家提供依据。

妻子愿意到农贸市场买成堆菜，因为价格比副食商店便宜了许多。一天三餐，实行“自己动手，丰衣足食”的原则，光吃饭一项，一月下来也节省不少。

对于知识投资，主要投在我和儿子身上了，儿子需要买书，我们从不心疼钱。我自费参加计算机和英语学习，并获得全国计算机考试证书，妻子心疼钱，说：四十多岁了，活得太累了，算了吧。但我认为，知识是金不换的，活到老就要学到老，用知识充实自己，这是不亏本的买卖。

余下一点钱，妻子存个半年或三个月的定期存款或购买点债券，并拿出一定的钱参加家庭财产、人身安全保险，适当的时候也购买一些邮票、首日封、纪念币等。我认为家庭理财，要考虑实用性，不要盲目地攀比，家里添置必需品该花就得花，使用效率要高。买架钢琴孩子不愿弹放那儿当摆设，买一台电脑只为打游戏，把有限的资金积压了，这是一种浪费。

23. 作者为什么“有钱专买半年闲”？
24. 对于知识投资，作者持什么态度？
25. 作者的理财观是什么？

26～30

冬季家中有数枝清秀俊逸的水仙花在一泓清水中吐放出漂亮的腊蕊素瓣，给人带来几丝温馨。

要使水仙花开得好，除要养得好外，选择优质的水仙鳞茎也十分重要。这里介绍挑选水仙头的几个要点。

选择水仙鳞茎可从包装的装数、鳞茎的生长发育形态及鳞茎表皮的色泽等方面来挑拣。现在上市的多数水仙头来自福建地区，尤以漳州最为著名，那里产的水仙头已有近四百年的栽培历史，且生产方法科学，有球大、形美、花多的特点，购买时应选择鳞茎大、球体扎实、出芽口大而松的。

从水仙的包装来选，现有盒装和筐装两种包装，一般有10装、20装、30装、40装等，最近还有特大水仙以5只为包装的，这是以水仙球茎的大小而分装，包装越少，说明它们的体积越大，水仙鳞茎越大，里面花芽也越多，所以装数越少，价钱也越高，说明质量一般较高。

从水仙的鳞茎发育形态看也可选择好的，有经验的人挑选的水仙鳞茎球矮而呈扁圆，鳞茎盘宽厚、完整，且表皮纵脉条纹的距离较宽、中膜绷得紧，上部花芽多且十分饱满。另外，鳞茎主芽清晰，旁边还有小头，小头生得越多其花芽也越多，如两头没有小头，开花就少。

再有从鳞茎表面的色泽来挑，以深褐色、外包膜完好且膜亮的为优质。

水仙从开割到开花，一般需要45天左右。水仙的雕刻一般可分为笔架水仙和蟹爪水仙两种。笔架水仙雕刻法：用锋利小刀（手术刀最佳）在鳞茎上部向下部纵横割成十字纹，使鳞茎松开，有利于花芽抽出，能提早开花。蟹爪水仙的切割法：在鳞茎的基部用小刀割一弧线成脐形，再在两侧上竖割一直线，将脐上鳞片剥去，剥至有花芽显出为止，然后在叶片的一侧距顶端1厘米处，沿着叶边缘由上向下割到茎部，上狭下宽，待鳞片削去后，会使花和叶生长弯曲向上，形成蟹爪造型。培养水仙，盆水要保持洁净、新鲜，不能用脏水、硬水或混有油质的水，否则会烂根。

有不少种养水仙的人会把水仙养得很高，尤其茎叶长，形态不佳，有时太高还会倒下来，这主要是水分太多、阳光照射不足所致，这可以通过减少水分和控制光照来调节，放水不要太多，而且到晚间要把水倒掉，白天再加些水，置于光照不足处，即可使茎叶低矮。如太矮的话，可多加些水，加强光照，温度达到18℃左右即可提前开花。

水仙水养，水质清洁非常重要，一般2～3天就应该换水。水仙养得好的标准是根须长而且色洁白。

26. 本文主要介绍了什么内容？
27. 福建漳州地区栽培水仙头的历史大概有多少年？
28. 水仙从开割到开花一般需要多长时间？
29. 是什么原因导致水仙长得过高？
30. 养水仙为什么2～3天就应该换水？

模拟试题六

第一部分

1～4

最近在上海一所大学意外地见到学生处一只特殊的保险柜，既不是保管机密文件，也不是现金支票，而是锁着302张毕业文凭和学位证书。

保险柜里被仔细地贴上标签，分别标有“91届”、“92届”直至“96届”字样。“这是被扣住的毕业证书，但是还要仔细保存。”学生处的老师说。

事实上，这些文凭的主人早已飞向五湖四海，有的学生辗转跳槽，连母校的老师也无从得知其具体去向，他们似乎早已忘记和母校有一段债务未了。至今，这个大学尚有历年借出的逾33万元贷学金无法收回。“学校压住学生毕业文凭实在是无可奈何的做法。”

这种情况并不稀奇，自1987年始，上海已有15所高校实行贷学金制度，金额从当年每月20元逐步提高到每月200元。至今，贷学金仍是高校资助困难学生力度最大、覆盖面最广的一项制度。

但几乎每所高校都碰到了学生逾期不还贷款的问题，而学校无一例外采用的手段都是扣住毕业文凭和学位证书。

这毕竟不是好办法。有的学生毕业后远走他乡，学校没有人力精力满世界去追债；有些学生不到出国、评职称必须出示毕业文凭时，往往对文凭一弃了之。至今，躺在这所大学保险柜里的文凭最长的已有8年。尽管贷款之初，学生要和学校签订一份协议，并由担保人签字，但这份协议并不具备法律效力，协议中虽标明学生可申请毕业后用人单位向学校偿还贷款，但事实上很难操作。

上海市教委一位人士正致力于和银行协商，希望能有一个全新的贷学金机制，此举是否可一解保险柜锁文凭之烦恼，人们拭目以待。

1. 学校的保险柜里锁的是什么？
2. 学校为什么压住这些学生的毕业文凭？
3. 实行贷学金制度的目的是什么？
4. 学校对这些被扣住的毕业证书将采取什么办法？

5～7

我是一名英语教师。两个月前，我在东城的一家雪亮眼镜店花850元配制了一副眼镜。前几天，由于自己不慎将眼镜坐坏了，价值650元的镜架完全变了形。事后，我心急如焚地赶到雪亮眼镜店，分店经理曹艳国热情地接待了我，经前台老技师检查，镜架无法修复，只能重新更换。

闻听此言，我心里很难过，两年前，我就在雪亮配过一副眼镜，但坐车时被小偷偷走了，这回新镜子又让自己弄坏了，再换新镜架又得花费几百元，真是越想越窝火。细心的曹经理看出了我的心思，她急忙安慰我别着急，并让我先把镜子留在店里，再替我想想办法。

三天后，曹经理打电话通知我，镜架已经换好了，让我去取。我带着钱再次光顾“雪亮”，曹经理把新镜子交给我，当我问价钱时，曹经理说：“就不收您钱了，我们会与厂家联系协商的。”我简直不敢相信自己的耳朵。

“雪亮”的产品是一流的，“雪亮”的服务更是超前的，在商业竞争如此激烈的今天，“雪亮”始终保持着对顾客多一分温馨、多一分体贴的本色，实在难能可贵。

5. 作者的眼镜出了什么问题？
6. 作者在雪亮眼镜店配过几次眼镜？
7. 作者修眼镜花了多少钱？

8～10

首届北京夏季书市昨天在地坛落下帷幕。书市恰好遇到入夏以来最热的几天，但依然有众多读者享受淘书乐趣。一位书商说，原来以为这么热的天，又是学生中考、高考时节，学生来不了，老头老太太们来也只是看看，可是第一天，就卖出去了不少书。

读者冒着酷热能够安然选书，得益于书市越来越浓的人情味儿。步入书市，读者们首先注意到一个“文化长廊”，蓝白相间的凉棚构成的遮阳通道，把暑气挡在了外面，把通风凉爽带给了大家。而在书摊对面，斜斜钉挂在墙上的热门图书，虽然品种稍显单一，但因为翻看方便，倒也平添了几分亲切感。

除了购书之外，读者最津津乐道的是他们参与的各类活动。“两天学会五笔字型”讲座在老人们中间更具号召力。张书真大妈说，儿子在国外工作，想他的时候，写封信寄去，可儿子总嫌信走得慢。张大妈每次发邮件还得求邻居。于是张大妈立下了雄心壮志，一定学会打字。张大妈说，这回算是开了头，以后再巩固巩固。

北京新东方学校在书市举办第二届英语听说文化节，得到消息的英语爱好者们早早就来到讲座现场，一百多张凳子坐得满满的，有不少听众是站着听了两个小时。台上讲得精彩，台下听得入迷，大家现场朗读等待老师纠正发音的时刻，愉快又轻松。

更为壮观的场面当然是傍晚的禁毒公益大型演唱会，目前已有上万人在书市欣赏到演唱会的特殊韵味。阿朵、斯琴格日乐、曹芳、付笛声、任静、唐朝乐队等多位歌手，为参加书市的人们带来了《故乡》、《烟花》、《飞翔鸟》、《盛开》、《你是幸福的我是快乐的》等歌曲。

谈到书市的变化时，夏季书市组委会负责人刘杰认为，过去书市脱胎于展销会、庙会的经营模式，如今突出的是大众文化功能，以唤醒读书人的公益心、责任心。

8. 北京夏季书市到目前举办了几次？
9. 张大妈为什么学习打字？
10. 下面哪一个不是本届书市上举办的活动？

第二部分

11～14

灾害性天气能不能让市民早知道？市气象台台长郭虎昨天说，今年内，本市将投资2000万元，在现有两个气象监测预警塔的基础上，再建设20个气象监测预警塔，遇到17种灾害性天气即时发布预警信息。

目前，气象单位通过广播、电视、报纸等媒体和121气象声讯台等途径，向公众传播气象讯息，但还远远不能覆盖全市。今年1月初，本市两个气象监测预警塔投入使用。7月10日下午15时，气象部门监测到将出现暴雨天气，并通过气象预警塔向外发布，但由于传播有限，绝大多数人不知道这条重要信息。

据介绍，这种气象监测预警塔将在本市一些主要交通路口和人流密集区陆续竖立，构成网络。气象监测预警塔塔高22米，塔顶是一个直径3米的圆形自动气象监测仪，对温度、湿度、风向、风速和降水量自动实时记录后，经通讯设备传到市气象台会商室，气象人员再将整理后的最新天气信息，以及可能出现的灾害天气预警传输到监测塔的显示屏上。监测塔上配备四块大显示屏幕，24小时不间断地显示监测到的气温、降水量、风向、风速等气象要素内容，并可显示当天的最新天气预报和可能出现的灾害天气预警内容。

气象工作者已经根据本市实际情况，制定出17种灾害性天气预警，包括冰雹、雷暴、大雨、暴雨、高温、大风、地质气象灾害、沙尘暴、强沙尘暴、强降温、中雪、大到暴雪、雾、浓雾、冻雨、霜冻、森林草场火险等级。这些灾害性天气在全国各地表现程度不同，北京地区根据自身特点制定了标准，如京城的高温是指气象观测站的日最高温度达到37摄氏度以上。

另外，发布天气预警有一套专门的程序。气象人员先根据气象观测资料做出未来天气预报，例如预报未来三天将出现高温天气，那么在高温出现前2至3小时内必须向公众发出警报。发布的内容包括提示市民出行、生活等方面的注意事项，也有各行业部门应当采取的应对措施等。

11. 目前本市有几个气象监测预警塔？
12. 新建的气象监测预警塔将竖立在哪些地段？
13. 气象工作者对北京市制定出多少种灾害性天气预警？
14. 如果将出现高温天气，必须在什么时候向公众发出警报？

15～17

2010年，我国森林覆盖率将由目前的16.55％提高到20.3％，全国70％的城市林木覆盖率将达到30％。这是中国可持续发展林业战略研究的重要成果之一。

国家林业局局长周生贤表示，我国林业发展战略将实现木材生产为主向生态建设为主的转变。到2010年，我国将新增森林面积2668万公顷，森林覆盖率达到20.3％，人工林供材率达到50％（占国产材）；全国自然保护区面积达到1.55亿公顷，占国土面积的比率达到16.1％，90％的典型生态系统类型得到有效保护，治理荒漠化土地面积2200万公顷；我国人工林良种率达到40％，科技进步对林业经济增长的贡献率达到45％。中国可持续发展林业战略研究历时两年，吸纳了近60位院士、资深专家和40多个学科的300多位研究人员参与，对我国林业进行了全方位、深层次、宽领域、开放式的研究，并提出了中国林业发展总体战略的阶段目标。科技部将该项研究列为“十五”国家科技攻关重点项目，给予了大力支持。国家林业局、科技部今天还联合表彰了中国可持续发展林业战略研究项目组的专家和研究人员，并成立了由多位资深专家组成的国家林业局专家咨询委员会。

15. 目前我国森林覆盖率是多少？
16. 我国林业发展战略是什么？
17. 参与中国可持续发展林业战略研究项目的共有多少人？

18～20

中国的第一位飞机设计师冯如，生于1883年12月15日，广东恩平县人，12岁时，因生活所迫，随亲戚赴美国旧金山谋生。

1903年，当得知莱特兄弟发明了飞机后，冯如决心要依靠中国人的力量来制造飞机。他得到当地华侨的赞助，于1907年在旧金山以东的奥克兰设立飞机制造厂，1909年正式成立广东飞行器公司，冯如任总工程师。公司于当年便投入制造飞机。

1909年9月21日，冯如于接近黄昏时在奥克兰附近一个圆形山丘旁进行了第一次试飞，这是一个远离居民点的地方，在场的除记者外，就是他的三个助手。当飞机起飞后飞行了0.8公里，离地4.57米准备做一次转弯时，螺旋桨突然停转，飞机摔在地面，冯如被摔出机外，所幸没有受伤。造成事故的原因是由于螺旋桨桨轴螺丝拧得太紧，致使桨根断裂。

1910年7月，冯如根据寇蒂斯“金箭”和莱特兄弟的“飞行者一号”，又制作了第二架飞机，10月至12月，冯如驾驶它在奥克兰进行飞行表演大获成功，并受到孙中山先生和旅美华侨的赞许，同时获得美国国际航空学会颁发的甲等飞行员证书。1911年2月，冯如谢绝美国多方的聘任，带着助手及两架飞机回到中国。辛亥革命后，冯如被广东革命军政府委任为飞行队长。1912年8月25日，冯如在广州燕塘飞行表演中不幸失事牺牲，被追授为陆军少将，遗体安葬在黄花岗，并立碑纪念，被尊为“中国首创飞行大家”。

18. 冯如为什么去了美国？
19. 第一次试飞时，飞机发生了什么问题？
20. 冯如回到中国时，带来了什么？

21～23

最早的机械式的清扫机都是采用吹风式的。人们利用风箱产生气流把尘土吹走。1901年的一天，布思在一个火车站上观看一种清扫器的表演，只见几个人奋力地踏着风箱，风箱的出风口接了一个软管，软管口所到之处，地面被吹得干干净净。可尘土被吹到了别的地方，周围乌烟瘴气的。布思想：要是不把尘土吹走，而是把它吸进去该多好呀！寻着这个想法，布思回到家里就开始了实验。他用一块手帕挡住嘴巴，拼命往里吸气，不一会儿，他发现手帕上粘了不少尘土。对！就设计这样一种吸尘器。经过不断研究，布思研究出了一种吸尘器，它不是向外吹风，而是将吸尘器中的气体抽走，使里边气压降低，造成负压，尘土就被吸了进去，然后他又找到一种合适的布来做过滤器，这样，尘土就不会跑出去了。布思设计的第一台吸尘器体积很大，清扫街道的时候用马拉到街上，长长的管子像巨蟒，机器一开动，声音大得吓人，以致拉车的马都受了惊，警察不得不出面干涉。但这毕竟是去尘技术的一项新变革。

小型电机的发明为家用吸尘器开辟了广阔的前景。1906 年，布思又发明了家用吸尘器，尽管重量仍达 40 公斤，可已经比以前的方便多了。随着科学技术的发展，吸尘器逐渐向轻便、低噪声发展，各种吸尘器相继问世，但它的原理基本没有变化。有了吸尘器，打扫卫生不再是一件又脏又累的事情了。

21. 最早的机械式的清扫机有什么弊端？
22. 布思设计的第一台吸尘器有什么不足之处？
23. 家用吸尘器有什么优点？

24～25

近日，陕西省绿色文明示范工程小组邀请包括省妇联、省卫生厅在内的 9 部委的专家对 2004 年全省申报绿色企业、学校、村庄和社区的 84 家单位进行了验收。

此次验收分赴陕南、陕北和关中地区，历时半个多月，共验收申报单位 84 家。不少单位申报的积极性很高，从领导层到下面的工作人员，都十分重视创绿工作，绝大多数都志在必得。企业把创建工作作为塑造企业形象和企业文化建设的重要内容，学校把创建工作作为素质教育的重要内容，社区把创建工作作为“两个文明”建设的重要内容，村庄把创建工作作为发展生态农业的重要内容。许多单位不仅努力达到现有的创建标准，而且有所创新，很有特色，创绿工程逐渐深入人心，已经在陕西全省上下形成了一种共识。

多数单位创绿工作搞得有声有色，但是存在的问题依然不少，其中最突出的问题就是许多单位“硬件硬，软件软”，硬件设备和环境上无可挑剔，但在环境教育上明显存在不足，并没有真正了解“绿色”的意义，而只是简单地将它等同于“绿化”。不少单位在绿化美化上下足了功夫，各种类型的乔木灌木四季常青，几十种名贵的鲜花争奇斗艳，这在西北地区是不多见的。然而很少有专门宣传环保知识的专栏，很少开展环境教育宣传活动，居民、学生、员工对环境保护也只是停留在表面认识上。在全民动员、全民参与和提高全员意识上没有具体行动，很少开展培训，环境教育渗透存在薄弱环节，还没有形成浓厚的创建氛围。

另据了解，陕西省绿色文明示范工程小组将结合专家意见和验收的现场打分，对这 84 家单位进行评比，最终经政府批准，对符合要求的单位将在今年的“世界环境日”授予绿色单位的称号。

24. 申报绿色文明示范工程的单位对此次申报、验收的态度如何？
25. 说许多单位的创绿工作“硬件硬，软件软”是什么意思？

26～30

今天，手机已经成为人们日常生活必不可少的工具。在全世界，数十亿部手机在使用着，但手机里含有危险的化学物质和金属，这些物质一旦被遗弃的话，会对人类和环境造成严重危害。发展中国家抱怨说，他们被埋在了废旧手机里，因为一些富裕的国家把废旧手机出口到他们国家，给整个社会带来了污染。

废旧手机污染越来越严重，已经引起了科学家们的高度重视。来自160个国家的代表在10月底齐聚日内瓦，讨论如何解决废旧手机污染环境的问题。

手机用户平均18个月换一部新手机，在欧洲，每年约有1.05亿部手机被当成垃圾扔掉，在美国，每年有1.3亿部手机被淘汰。

试验表明，这些被淘汰的手机可以被列入有毒废弃物之列。旧手机的一块电池里的镉就能够严重污染6万升的水，而这些水可以装满3个奥运会的标准游泳池。新手机电池正在淘汰镉的使用，但里面仍有许多有毒物质，比如铅，它会对人的免疫系统、分泌系统以及中枢神经系统造成严重损害，而且对儿童的脑神经也会造成严重伤害，而手机配线板上的部件就是用铅来焊接的。配线板和塑料配件上的溴化物也会引发癌症、肝脏损害以及神经、免疫和内分泌系统的问题，而铍则会引起严重的肺损害，这些手机中的有害物质一旦被丢弃或者被烧掉，会引起严重的后果。

专家进一步指出，许多手机被废弃后最后进入一些发展中国家，他们进口废旧手机就是二次使用，其结果会对人的健康以及整个社会造成危害。

在上届“巴塞尔协定大会”上，哥伦比亚、尼日利亚、巴西、博茨瓦纳、乌干达、纳米比亚和肯尼亚就提出了废旧手机破坏环境和损害人类健康的警告。现在，“巴塞尔协定大会”正与联合国环境规划署和手机生产商密切合作，寻求解决这一危机的方法。目前，正在设计新式手机，手机用的都是比较安全的物质，而且还回收旧手机，对它们进行安全的再利用或者进行其他处理。

在英国，过去两年里，政府、网络公司以及大的零售商之间建立了一种被称为“手机回收”的伙伴关系，已经回收再利用了350万多部旧手机，占废旧手机的十分之一。

批评家希望这次会议将会对旧手机贸易实施法律控制，而环境组织联盟“巴塞尔行动网”则要求禁止富裕国家向贫穷国家出口所有的有毒废弃物。

不过，手机用户还是有一些值得高兴的事：一种新的小配件可以预防手机通话的噪声问题。这个新配件就是“酷谈语音箱”，有点像秘密特工使用的一种装置，据说可以用微芯片技术滤掉刺耳的音乐声或者火车的咔咔声，这样一来，收听的一方会只听到说话者的声音而不会受到噪声的干扰。

26. 这次会议讨论什么问题？
27. 发展中国家为什么进口废旧手机？
28. 在上届“巴塞尔协定大会”上，一些国家提出什么样的警告？
29. 在英国，已经回收再利用的手机在废旧手机中所占的比例是多少？
30. 手机配件“酷谈语音箱”的作用是什么？

模拟试题七

第一部分

1～3

随着计算机产业的发展，网络普及率越来越高，目前网络已经走进学校、走进家庭。但是网络的迅猛发展也给人们带来了许多隐患。

据报道，在美国，电脑使用时间中的85%是用来玩游戏的。我国也有类似的调查，网络中丰富多彩的游戏和信息极大地激发了人们的好奇心和探索欲。特别是青少年更是身不由己，欲罢不能。

心理学家担心在网络和电脑中成长起来的下一辈会患上“情感冷漠症”，表现为对外界刺激缺乏相应的情感反应，对亲友冷淡，对周围事物失去兴趣，面部表情呆板，内心体验缺乏，严重时对一切都漠不关心。

电脑导致的情感冷漠与普通的冷漠还有所不同。一般的冷漠可能是由于精神疾病引起的，而这种冷漠可以说是由电脑引起的，患者不是对所有东西失去兴趣，而是把这些兴趣都转移到电脑世界之中。

由于遨游在网络中的人不需要真实的姓名、真实的身份，在这个虚拟空间中与人交往，没有责任，没有义务，对于终日限于高负荷运转的当代人来说确实是一种身与心的解脱。但是在这种环境中长大的下一辈人，你能要求他有责任心、有义务、有亲情、有爱心吗？

回到现实世界，情感冷漠对当代人来说一样也是心理疾病，需要引起重视。一旦形成对电脑的心理依赖，会出现一种类似上瘾的症状，对别的事物失去兴趣，社交圈缩小，沉浸在虚幻世界中不能自拔。对于尚处在身心不稳定阶段的青少年来说，尤其要小心这种“病毒”不攻自入，进入生活工作，破坏原有的秩序和技能。文章开头提到的小李的种种表现实际上已带有情感冷漠症的先兆，如何避免其蔓延成灾呢？

首先，电脑迷要端正自己的认识态度。计算机、网络虽然是高科技、现代化的象征，但并有非百利而无一害，要小心自己身心中潜移默化的改变。

其次，必须合理安排时间，积极参加其他活动，多与人交往。每天规定上机时间，如果难以自控，可以通过设置微机自动关闭、闹钟功能等来强迫自己执行，久而久之，形成习惯。同时，注意与人的关系，从父母、亲友到领导、同事，回忆一下是否自从迷上电脑以后，把这些人都冷淡了？

再次，作为电脑迷的父母、长辈，应该知道电脑的作用不仅仅在于学习，还有娱乐。对于那些长期“玩游戏走火入魔”的孩子，不应姑息，应该劝止、批评，引导他们正确合理地利用电脑、安排时间。

1. 网络游戏对哪类人的吸引力最大？
2. 和普通的冷漠相比，电脑导致的情感冷漠有什么特点？
3. 对于青少年电脑迷，父母应采取什么态度？

4～6

位于北京海淀区的海淀图书城是大中学生的一个好去处，每逢双休日和放学后，甚至是午休时间，学生们便三三两两来这里读书。这里地下一层1700平方米的经营大厅里，有目前全国最大的民营书店之一——国林风图书公司，它敞开式的售书形式、优雅的读书环境、较丰富的图书品种，吸引着众多的读者，尤其是好读书的学生们前往购书、选书、看书。

一进国林风书店，便看到一排电脑，开放式的免费电脑查询系统，便于店内的书籍的查询，特别受读者欢迎。几位外国留学生想买作家老舍的作品和研究著作。在电脑前打出老舍二字，没想到电脑屏上列出了一大串作品，他们高兴地鼓起掌来。书店里还有手推车、提篮等购书工具，使读者像在超市里一样方便。在书架和书柜旁，还有椅凳，让读者可以从从容容地坐着翻阅。更有意思的是在店内的一角开设的一处咖啡座，几张木桌椅，小巧玲珑，选书、购书累了之后，在咖啡厅里喝上一杯价格非常低廉的咖啡，即使不喝咖啡，也可以细品刚买来的书，听着书店里轻松愉快的轻音乐，真是融进了浓浓的现代文化休闲的气息中。书店开到晚上九点，在炎热的夏季，每到傍晚一批批读者纷纷来到这个凉爽宜人的书店，看书、选书。入冬，这里则温暖如春。

最吸引大学生的是，这里的图书品位较高，店老板本是北大中文系毕业，在校期间也广泛选课听课，因而书店所进书籍就比较切合读者，尤其是校园师生的需求。比如研究戏剧的研究生在这里找到了京剧大师丛书和其他“阳春白雪”的戏剧著作，连连称好。另外，这里还常年有“降价书架”，很合学生口味。

4. 国林风书店是属于什么性质的?
5. 国林风书店几点关门?
6. 国林风书店最吸引大学生的是什么?

7～10

八年前，刚跨出校门的我，又步入部队这个大熔炉。整整七载，两枚军功章、一大摞荣誉证书，成为党组织的一员，就是我当兵的业绩。然而，在部队期间，最大的收获莫过于磨炼出了坚强的意志。

一年前，我怀着对部队无限的眷恋，脱下了这身引以为自豪的军装，为我的军旅生活画上了圆满的句号。一向性格倔强和充满自信的我，萌发了争取在京发展的念头。在友人的帮助和自己的努力下，终于找到了一份与“老本行”沾边儿的工作，当时的喜悦无以言表。

“打工”的生活是枯燥和单调的，其中的酸甜苦辣只有自己知道。大概是为了编织当初的梦，平时即便比别人多几分辛苦，我也总有使不完的劲。然而长久的努力，并没有实现我的目标，于是一直信奉创业路上艰难多的我，也开始后悔起当初的选择。

很长一段时间，我都是在沮丧与懊悔中受煎熬，甚至有度日如年的感觉。痛定思痛后方才醒悟，过于消沉，只会使自己的意志变得更加脆弱，成功与失败并不是一条不可逾越的鸿沟。记得当新兵的时候，有一次部队进行跳木马项目训练，几乎所有的战友都过关了，惟独我这个南方小矮个怎么也过不去，领导便让我站在一旁观看。片刻工夫，我的脸就挂不住了，主动要求试跳一次，说不出是哪来的劲，一下就跳了过去。

这本是生活中一段不足挂齿的小插曲，但每当我遇到挫折时，却总能给我鼓起与生活搏击的勇气，提醒我要失意不失志。现实告诉我，不断后悔于昨天的选择，只会挫伤自己的锐气，远不如站在新的起跑线上，以零作为开端，即便受挫，心中也是坦然的，没有失败，哪来的成功？

7. 作者当兵当了多少年？
8. 作者认为自己当兵最大的收获是什么？
9. 作者认为自己打工的生活怎么样？
10. 作者为什么提到在部队训练跳木马一事？

第二部分

11～13

中国第一台喷泉波轮搅拌式电脑洗衣机在海尔问世，并于日前经中国家用电器测试中心测试通过。这种新型洗衣机解决了洗衣缠绕和洗涤不均的难题，弥补了我国搅拌式洗衣机的空白，并使海尔成为国内也是世界惟一一家可以同时规模生产滚筒式、波轮式和搅拌式洗衣机的大型生产企业。

世界上洗衣机分为欧洲滚筒式、亚洲波轮式、美洲搅拌式三大流派。欧洲人每天洗衣，主要为洁净。亚洲人的洗衣特点主要为清洁，解决脏的问题。美国人讲求洗衣高质量，追求一种完美和享受。中国人口众多，市场极大，一种流派的洗衣机很难满足各层次需求。目前波轮洗衣机在中国城镇相当普及，滚筒洗衣机也越来越受城市居民青睐，而美式搅拌洗衣机因技术复杂，难度大，国内一直没有生产。

为了研制搅拌式洗衣机，海尔集团成立了设计公司，集中自己的优势技术，并聘请美国设计大师设计产品，终于研制出中国第一台喷泉波轮搅拌式电脑洗衣机。专家评定这种洗衣机采用了双手互相揉搓原理，洗净比非常高，解决了过去洗衣机旋转洗涤使衣物缠绕，表面洗涤过分而里面的污渍难以洗掉的难题。

11. 搅拌式洗衣机解决了什么难题？
12. 我国一直没有生产美式搅拌洗衣机的原因是什么？
13. 我国生产的搅拌式洗衣机是谁设计的？

14～16

从小城镇调到大城市，从三室一厅一院到两居室，从搞文化到干教育，四十多岁的我，居然全家三口从南方到北方定居、工作了。

当领到了北京市公安局西城分局签发的居民身份证时，当骑着自行车行进在鼓楼大街、景山后街上班时，当坐在办公室以东道主身份接待外地来访的兄弟单位人员时，我才猛然感到自己已经是“北京人”了。

刚上班的那段时间，我中午也不回家，经常坐公共汽车到前门，多次漫步在天安门广场。

我所在单位的建筑是清代留下的很有影响的皇家建筑，正因如此，这儿和任何现代化的建筑也就不一样了。难怪老家来的亲朋好友一见到我办公的房间总会大吃一惊：怎么这种条件？简单得不能再简单的两间平房，普通得不能再普通的办公用品。然而，我却对单位的建筑情有独钟。

记得有一年夏天，我家一下子来了六个必须接待的亲戚朋友。我们搭床的搭床、加铺的加铺、睡沙发的睡沙发，把客人安顿下，剩下我，几张凳子一拼就在厨房安“家”了。事后一想，我还很欣赏自己的“安排才华”，毕竟大伙都高高兴兴地在北京玩了个痛快。

是的，尽管我仍然是一个最普通不过的教师，但我活得很充实也很平静。

14. 作者以前生活在什么地方？

15. 老家来的人看见作者的办公室为什么会大吃一惊？

16. 目前作者的职业是什么？

17～19

近日，科学家们研究开发出一种会长塑料的特殊油菜。这种油菜的种植方法与常规油菜无异，但它生长出的塑料聚合物却可以被制造成塑料管道和装洗涤剂的塑料瓶子等。

科学家们是通过改变基因的方式使这种油菜的叶和菜籽生长出塑料聚合物的。这些聚合物经提取后跟现在用化工方式生产出的塑料一样。

科学家们之所以选择这种油菜作为实验对象，一是考虑到这种油菜的油菜籽已被大规模地用于制造商业菜籽油；二是为了解决塑料垃圾的生物分解这道难题。目前，世界上已在生产规模有限的可分解的新型塑料，但那是通过加工培养微生物的方式进行的。这些微生物也能自然生产出塑料聚合物，不过，它无法大量生产，因为每生产出价值10英镑的塑料，其成本就高达100英镑。

这种植物塑料的最大优点是其废弃物易于处理。如果你把这种植物塑料埋到地下，不出6个月，它就会被分解成二氧化碳和水。

17. 传统上，塑料是用什么方式生产的？

18. 目前可分解的新型塑料无法大量生产的原因是什么？

19. 这种植物塑料的最大优点是什么？

20～22

从今年起，部分高校将建立大学生信用档案，助学贷款不按期归还、考试作弊等将记入信用档案。

建立大学生信用档案的呼唤，源于国家助学贷款的实施。以信用为担保的国家助学贷款国家财政给予50%的贴息，为全国100多万贫困生解决了学费和生活费的燃眉之急。据不完全统计，截至目前，首都高校已有10万贫困生得到国家助学贷款近6亿元。但是，当四年大学生活结束，陆续进入国家助学贷款还款期时，全国各地少数大学生没按时还款、银行找不到大学生的报道不时见诸媒体。

建立大学生信用档案的迫切，与屡禁不止的考试作弊有关。每学期期末考试，高校都有少则十几人多则数十人的学生考试作弊，作弊方式从夹带小抄到手机BP机留答案等有十来种。少数考生的作弊行为对所有认真、刻苦学习的同学是不公正的。作弊成绩如得到承认，其他同学取得的真实成绩将贬值。

目前，对不按期还款和考试作弊行为仍主要采取教育和处罚的措施，对学生形不成震慑力和长远影响。而大学生信用档案将跟随学生一生，如果他守信，信用档案对他今后消费、就业、创业、出国和升迁都有利。如果他丧失信用，就会在信用档案上有不良记录，对他一生都有不利影响。

大学生信用档案具体将记录什么？有关方面透露，将记录大学生每年所获助学贷款还款、交学费和获得奖学金等情况；记录大学生的品行情况，如入学后奖励、处分、考试过程中是否有作弊行为，勤工助学是否有不良表现，与他人交往是否有欺骗行为等。北京大学的一位教授认为，大学生信用档案将来还可逐渐扩大到交税记录和就业记录等，这些记录也可汇总到全国的信用资料库里。据悉，目前全国已有几所大学尝试建立大学生信用档案，内容有学生承诺书、个人资料、家庭背景、品行说明、学习效果、经济状况、信用记录、特别记录等。

20. 为什么呼唤建立大学生信用档案？
21. 目前对考试作弊行为主要采取什么措施？
22. 大学生信用档案的记录可以扩大到哪些范围？

23～25

我退休后总想学着写文章，以充实晚年的精神生活。但两次参加函授班的经历都让我大失所望，令我难圆写作梦。

去年9月，我参加了某编辑部举办的为期一年的小说创作函授学习，每两个月上交一篇习作，由辅导老师批改。我按要求用挂号信把作业寄给辅导老师，热切盼望他的指教。然而老师却未给我只言片语，再三催问也置之不理。

无独有偶，今年我又参加了某文学院举办的文学创作专业函授班。对我寄出的习作，老师倒是及时给了回复，但收到的第一篇评语却极其简单，而且叫人难以捉摸，“文章写得流畅，有浓厚的生活气息。有的段落写得比较生动，能把人带入场景中去。但有的写得粗糙一点儿，有些句子还可写得更好一些。”究竟哪儿好哪儿差，老师却没有任何提示，使我不得要领。

我满腔热情企盼能得到指点和帮助，但辅导老师如此敷衍了事实在令人失望。看来，我只有“自学成才”了。

23. 作者为什么参加函授班？
24. 作者一共参加了几次函授班？
25. “我只有自学成才了”，这句话表达了作者什么样的心情？

26～30

最近，《自然》杂志上发表的一篇文章称，研究人员通过研究葡萄的收成数据，发现了气候的变化规律。研究发现，全球变暖是一种周期性气候变化的结果，近年来的气温升高可能与工业社会中的人类活动没有太大的关系。

为了庆祝葡萄的收成，一处世界著名的红酒原产地从14世纪下半叶就形成了一个记载葡萄收成的习惯，当地政府逐年记载了600多年的相关数据。由于葡萄的收成与温度有关，葡萄收获的时间越早，收成越好，说明当年夏天的气温越高，当年的平均气温也高；反之，则说明当年的平均气温较低。因此，考证这些葡萄收成的数据就可以获得当地气候变化的资料。

一些气象学家和生态学家组成了专题研究小组，查阅了从1370年到1989以来所有现存的报纸和其他与葡萄收成有关的历史档案，试图研究葡萄收成与气候变化之间的关系，并希望寻找到导致全球变暖的线索。研究人员根据葡萄收成的资料，绘制出了以前各年份的温度变化图。本来是想看看温室效应的发展趋势，结果却有了一个意外的发现：近年来的气温升高可能与工业社会中的人类活动没有关系。

气象学研究表明，20世纪90年代以来，全球的平均气温开始大幅度上升，并且出现了不少极端灾难性气候，导致了飓风、洪灾和旱灾的出现。但是，葡萄收成的资料却表明，该地区在1990年和1380年、1420年、1520年一样热。在20世纪里，该地区的气温升高从1960年开始一直延续到现在。于是，有人怀疑这种炎热会随着人类排放温室气体的增加而持续不断地进行下去。然而，从1630年到1680年，该地区也连续热了半个世纪，其炎热程度和1990年类似。而从1680年到1970年间，夏季则较为凉爽。

通过研究葡萄收成的历史资料，科学家们绘制出了从1370年至2003年间的气候变化图谱，其计算出的夏季气温的精确度据说可以达到0.01度。根据这些研究结果，全球性的气候变化会在一定的历史时期内有所起伏，地球升温是一种不定期出现的自然现象；2003年的反常炎热气候是历史发展中的一种正常现象，全球周期性的气候变化大趋势可能会导致地球在接下来的几十年内降温。

近年来，地球排放的污染物虽然阻止了地球热量的散发；同时，地球污染物也阻止了更多太阳光进入地球，太阳释放到地球的热量减少了。两者相互削弱，污染物对地球温度变化的作用就大大减小了。因此，地球气候变化的原因还得从地球自身的运动方面去寻找。

26. 研究人员在《自然》杂志上发表了什么样的研究结果？
27. 上述著名红酒原产地政府逐年不间断地记载了多少年的相关数据？
28. 为什么说考证葡萄收成的数据就可以获得当地气候变化的资料？
29. 根据本文，在接下来的几十年内地球气候变化可能出现什么样的趋势？
30. 根据本文，是什么阻止了地球热量的散发，也阻止了更多太阳光进入地球？

模拟试题八

第一部分

1～3

我国学者经过研究指出：全球变暖对人类生存环境的影响有弊，但也有利。一些学者根据对我国一些地区的气候研究表明，气候变暖将是我国农业气候热量资源变得更为丰富，生长季延长，霜冻期缩短，缓解困扰北部寒冷农作物的低温冷害。在现有经济投入和管理措施不变以及水分、营养充分保证的条件下，有利于农作物产量的提高。

一些学者认为，气候变暖对我国东北、西北地区农业生产有利。黑龙江省是全国气候变暖的中心，增温幅度是全国平均增温的两倍，全球平均增温的三倍。

有的学者研究认为，全球变暖虽然会产生海平面上升等不利影响，但却使全球范围粮食增产。与根据近年来气候变化情况进行研究的方法不同，有的学者对历史演变的过程进行研究。在分析了几千年来的历史气候后指出，历史上的温暖期，正是世界古代四大文明的创立时期，被称为“人类最适宜的气候期”，当时这些地区均处在暖湿阶段。纵观历史气候变化影响，历史上每次气候变暖都相应地促进了生产发展，给人类社会带来生机。

1. 作者认为全球气候变暖对人类的影响是什么？
2. 在中国东北部地区气温对农作物会造成什么灾害？
3. 气温升高给人类带来的最大好处是什么？

4～6

蜜蜂除了为人们提供蜂蜜、蜂王浆、蜂蜡外，更主要的是为各种农作物授粉起增产作用。人类食物的1/3直接或间接地依靠昆虫授粉，而这1/3中的80%是由蜜蜂完成授粉任务的。蜜蜂是各种作物的最理想的授粉昆虫，被誉为“农业之翼”。

蜜蜂在众多的授粉昆虫中能成为最理想和最重要的授粉昆虫，是因为蜜蜂形态构造上的特殊性。蜜蜂的舌管较长，同时具有灵巧的花粉刺、花粉栉、花粉耙和花粉篮，能适应多种作物花朵的采集，而又不伤害花朵。蜜蜂周身长有绒毛，有的还成分叉羽毛状，便于黏附花粉。一只蜜蜂全身携带花粉可达500万粒。每天采集成千上万朵花，其授粉效率可想而知。蜜蜂采花具有专一性，它每天出巢只采集同种植物的花蜜和花粉。蜜蜂是一种群居昆虫，一群有5万～10万只之多。它们可以大量饲养和繁殖，这样，对大面积开花的农作物、果树，人们可以有计划地利用蜜蜂授粉，达到大面积增产的目的。

饲养蜜蜂为农作物授粉已经成为许多国家一项不可忽视的农业增产措施。我国科技人员多年来也进行了大量的蜜蜂授粉增产效果科学研究。研究成果显示：油菜有蜜蜂授粉比无蜜蜂授粉增产油菜籽20%～26%；四川盆地、浙江一带由于交通便利和有关部门重视，每年都有大量蜂群采集油菜花，使油菜籽年年获得丰收。从20世纪80年代起，我国温室栽培业也逐渐兴旺起来。温室内缺乏授粉昆虫，更需要蜜蜂帮助授粉。科研人员经过多年的实验工作，利用蜜蜂为蔬菜制种，种籽产量增加20%以上，而且籽粒饱满，千粒重增加，深受农民欢迎。利用蜜蜂为温室内蔬菜授粉已成为“菜篮子”工程的重要组成部分。同时蜜蜂授粉无污染，也是建立绿色食品工程的内容之一。因此有关部门在制定“菜篮子”工程、绿色食品工程时不能忘掉蜜蜂授粉增产的贡献，应该同样给以一定的投资和支持。

4. 蜜蜂的主要作用是什么？

5. 蜜蜂采集花粉的最大特点是什么？

6. 为什么四川、浙江一带的油菜籽能年年丰收？

7～10

长大后我把收藏定位在休闲的情趣上。如今我藏有几千册各种门类的书，这些书都是偶尔在书店里、书摊上看见，又喜欢上了，便把它买下了；其中有一多半买回来后就束之高阁。我也收藏了不少名人字画，也喜欢满屋子都挂着。我也收藏了些不同时代的瓦罐瓷瓶，放在家里企图显示出主人的历史厚重感。其实我对这些书籍字画古玩都说不出太多太深的道理，但却懂得，一个人只有热爱自己民族的文化，让自己沉浸在民族文化的积淀当中，才会热爱自己的祖国，珍惜自己的根。

我家的客厅里放着一个硕大的圆形玻璃鱼缸。里面没有养鱼，却放满了各式各样的火柴盒子。收集火柴盒完全是一种平和的心态。最早引起我这个欲望的是在近二十年前的日本之行。那里的每一家旅馆，每一家酒店，都有各种各样的火柴盒子，形状或长或短，封面上印有仕女字画或印有风光名胜。我完全把它当做小小的艺术品，每当看到了，就会爱不释手地拿走一盒。久而久之，只要外出，无论国内国外，我都会留意寻找火柴盒子。日积月累，如今已琳琅满目。

我还收藏过酒。我能喝酒是父亲的遗传。从小他就让我用筷子伸到他的酒杯里，蘸上几滴让我吮吸掉。我开始大杯大碗地喝酒始于上世纪70年代。爱喝酒后就想收藏酒，加上我的职业特点是四海为家，各地的佳酿都有机会品尝，碰上好的酒就忍不住要捎上一瓶回家。有一次朋友聚会，我拿出了好几瓶名酒与大家共饮。一位外交官出身的朋友对我说：“君瑞，听说你收藏酒？”我回答：“是。”那位朋友说：“你们唱的歌不是有一句这样的歌词吗，是‘朋友来了有好酒’，对吧？所以说这酒啊，应该是用来交朋友的，不是珍藏的。”试想一下，如果你藏了十瓶酒，则标志着你错过了十次交朋友的机会。如果你实在要藏，就藏那些值得纪念的朋友聚会时喝剩了点余酒的酒瓶子，里面或剩三分之一或剩五分之一。如果你藏了十瓶这样的酒，就意味着你收藏了十个值得纪念的交友故事。

7. 作者把书买回后大多怎样处理？

8. 作者为什么喜欢收藏书籍字画和古玩？

9. 作者为什么喜欢收藏火柴盒？

10. 作者的职业可能是什么？

第二部分

11～14

科学家称南极是一座巨大的“记忆库”，它记录了冰川时期、火山爆发以及风雨在不同年代间所起的变化。这些“记忆”就像密码一般被收录在冰块和尘粒中，“诉说”着地球数千年气候变化的真实现象。其中有给人类发出的警告，关键是看科学家能否破译它的“密码”。

美国内华达州的冰川学家泰勒，为了破解这个“密码”专程前往南极钻洞至冰原底部，取出冰层中心不同深度的冰粒，其目的是研究地球气候的变化。4 年前，他在研究北极格陵兰岛冰层核心时发现，气候可以在短时间内发生剧变。大约在 11000 年前，格陵兰岛的天气突然变得冰冷异常；可是在 1500 年后，它又变得暖和起来。

他在最近的一次探测气温变化中，惊奇地发现某些地方近 3 年内气温上升了 10 摄氏度。气象学家警告说，气温变化之快，人类绝不能坐视不理。因为这种气候的变化将引发干旱、热浪、洪水以及虫害等自然灾难。

科学家指出，南极的冰原有可能突然出现崩解。一股早在 10000 年前出现的暖流，将导致冰块开始变形，移动速度随之加快，如果这股暖流移至冰原底部，那么冰原就会出现崩解和溶化。

南极合作研究中心的巴德教授说，大气热力积聚不散，是现代工业使用矿物燃料及工业释放出的二氧化碳累积的结果。最新的资料显示，科学家们分别在印度洋、南极、南太平洋等海洋的深海进行探测，都同样地证实了气候变暖的势头。

科学家在印度洋 500～1500 米的水深处测得淡水量比以前高。在比较印度洋表层和深水含盐量的形态时，发现这些淡水来自南极。据科学家们的探测和估算，目前南极的流水量是全球大陆河流总水量的 150 倍。另外，科学家最近探测研究的结果显示，南极富兰克林岛附近的冰层已在去年 12 月中旬破裂，比往常提前了两周。那就是说，刚刚孵化出生不久的小企鹅就要遭到夭折的厄运。这一现象提醒人类：即使是生命力顽强的企鹅，也将在微小的天气变化中不堪一击。

11. 冰川学家泰勒为什么专程前往南极?
12. 根据泰勒的研究，大约 11000 年前，格陵兰岛的气候如何?
13. 科学家在不同海洋的深海进行探测，证实了什么共同现象?
14. 科学家发现，印度洋深水处较多的淡水从何而来?

15～18

历时五天的“上海国际邮票钱币博览会”终于画上了一个完美的句号，八十多个国家和地区的百余家外国邮币厂商参加了此次盛会。上海作为全国的经济、金融、贸易中心，尤其是邮币收藏者在全国占有“半壁江山”，这一天时、地利、人和成为举办此次博览会的一大环境优势。

博览会上，众多出自国际、国内名师之手的精品出尽了风头。其中最令人瞩目的当属中国金币总公司、中国集邮总公司特为此次博览会制作的藏品——银镶金熊猫加字币、世纪宝鼎小型张及集邮、集币护照。

开幕式当天，“熊猫币”先声夺人，成千上万的参观者进场后，顾不上进展馆，便先向银币供应点涌去，汹涌的人潮迫使组委会连夜召开紧急会议决定：除每天公布出售数量外，再凭入场券补发编号预约券。为设计制作预约券，工作人员连夜赶到浦东某印刷厂，清晨6：30制作完毕，又马不停蹄地赶到展厅中心，加盖印章。

摸准市场脉搏的深圳经销中心，则把今年的四枚加字币巧妙地组合在一起，限量发行，3000套币不到半天便被抢购一空；泉友斋国际钱币经销中心则带来了十年熊猫币的盒装套币等抢手货。

在参观的人群中不少是从东北、广东、四川等地赶来的外地人，其中也不乏特地从北京福尼特邮市赶来进货的北京“老乡”，人们在展厅内穿梭着，寻觅着自己喜爱的商品。参加过去年北京钱币博览会的人也许不会忘记国贸门前异常火爆的情景。也许是上海人的精明，也许是在经过前段邮币市场的骤热、骤冷后，今天的收藏者也开始逐步走向成熟，展厅内拥挤的人群中参观的多，抢购的少，即使是专程赶来进货的商贩，也是在货比三家后几经讨价还价才能少量成交，展厅内几乎没有去年那种蜂拥排队，盲目抢购、就地倒卖的人群，难怪一些国外参展商深有感触地说：“今年中国人的钱不好赚了，去年我们不论卖什么都有人抢，有人倒……”不少参展商从第二天便开始甩货，有些则请著名演员为商品签名进行促销……

从总体上看，此次博览会的文化气息比上届浓郁，展馆内首次附设了“中国邮票精品展”及场外的“上海历史货币展”将展销结合在一起，增加了博览会的文化内涵，博览会上每天一项的以集邮集币为主题的活动及学术研讨会，对提高收藏爱好者的欣赏水平、增长知识、丰富群众的业余文化生活起到了推动作用。记得两年前在第一届博览会上，一外商在接受记者采访时曾对中国有着如此之大的市场而惊叹不已，今天随着中国经济的持续发展，国内集币者的队伍正以几何级数增长，每年一度的博览无疑为中国的收藏者架起了一座了解世界的桥梁，愿中国的博览会越办越好！

15. 参加这次博览会的有多少个国家和地区？
16. 和去年相比，这次博览会上人们的表现有什么特点？
17. 博览会上设“中国邮票精品展”今年是第几次？
18. 第一届国际邮票钱币博览会是什么时候举办的？

19～22

在相当长的历史时期内，人类文化的积累和传承一直都是通过文字记录才得以实现的，所以，传统教育总是把读书摆在最重要的位置。但是，本世纪以来，电影、电视、录像、CD、VCD以及互联网络的陆续问世，却悄然而顽强地改变了我们的阅读方式。我们这一代的成长固然离不开读书，但我们的孩子，却正从“读书”的时代逐步走向“读电子”的时代。事实上，影视音像出版物已经成为影响孩子成长的不容忽视的重要因素。

中国青少年发展基金会主持策划、北京三辰文化发展有限责任公司会同国内多家音像出版机构共同推出的“三辰影库”大型文化工程，就是针对电子工业时代的到来，以及影视音像出版物正在取代印刷品成为文化传播的主导所作的积极回应。

“三辰影库”是一个超大规模的中外影视经典作品集成。它由大约一千余部作品构成，其中包括中外神话、童话、寓言、成语、民间传奇故事、探险故事、科幻故事、侦破故事、世界伟人传记、英雄传记、艺术家和科学家传记、各种科普知识、重大历史事件以及世界文学名著等诸多方面的内容，上下五千年，纵横全世界，几乎被它一网打尽。“三辰影库”在选择影片时把国家颁布的中小学教育大纲和少年儿童心理发育特征作为两个重要参数加以考虑，并考虑到他们的需要和接受能力。

为了在教学实践中推进这种新的构想，一年多来，在浙江、湖北、湖南有好几所小学开始试用“三辰影库”的阅读观念来改进教学。据说，他们开设的“世界经典电影电视”课程受到学生的热烈欢迎。

不过，作为一种新的阅读观念，要说服更多的人恐怕还有待时日。和传统的读书相比，“读电子”是否也有令人忧虑的地方呢？特别是数码复制技术的飞速发展，将给人类带来一系列新的精神性的问题，许多有识之士早已对此发出过严肃的警告。我想，有些问题是可以提出来加以讨论的，比如“读电子”与读书的关系，恐怕在“读电子”的时代，读书也是不能被偏废的。在这里也许需要一种折中的态度，至少在一个相当长的历史时期内，读书将会与“读电子”共存。

19. 根据录音，“三辰影库”指的是什么？
20. “三辰影库”在选择影片时的两个重要参数是什么？
21. “三辰影库”在哪几个省开始试用？
22. 对于“读电子”与“读书”的关系，作者持什么态度？

23 ～ 25

最近我读了一篇名为《医生的字》的文章，文中提到一位叫马红霞的医生，她写的病历字迹工整清秀，现今已是非常稀罕。我想起了另外一个关于手写的话题，那就是记笔记时，是手写好还是打字好？

人们对这个问题一直有争论。不可否认的是，打字的速度更快，当然，要具有这种速度必须受过专门的打字训练。但是也有专家研究后认为，手写笔记有助于学生在教室里集中注意力，习惯于手写笔记的学生学习成绩也较好。另外，比起喜欢用速写方法来记笔记的学生，用普通方法记笔记的学生能学到更多知识，对信息的记忆也更持久，并且更愿意把握新的思路。和用键盘相比，手写能紧扣人的思维，使获得的信息更有条理。

统计显示，听课时用键盘记笔记速度更快，打字和手写每分钟的速度之比大约是 33 字比 22 字。在短时期内，打字是有优势的。一位教授在 2012 年做过一项调查，上课一结束立即对学生进行跟踪测试，结果发现，打字族能够回忆起更多的上课内容，对上课内容进行测验的成绩也比手写族要好一点。问题是这种优势是暂时的。经过 24 小时，打字族对自己记下的东西几乎全忘记了，他们在键盘上敲下的长长的笔记太表面化，也太肤浅了，无助于他们回忆起上课的内容。相反，手写族能够持久记忆课堂上的讲课内容，甚至在一星期以后仍然对课堂上的一些概念有很好的掌握。很显然，手写会把听到的东西更深地记住。另外，用普通方法记笔记更便于温习上课内容，因为它们较之速记法组织得更好。

人们要问，打字族能记下较多的内容，为什么掌握的知识反而少呢？研究证实，打字是一种机械反应，对听到的东西是逐字逐句地记下；手写族记下的东西较少，但是在记录的同时也在思索，并且对内容有一个消化的过程。

具有讽刺意味的是：高科技含量的笔记本电脑人见人爱，它可以使打字更快，但恰恰对学习知识是有害的；手写可以增强对知识的记忆，然而有统计说，手写平均只能记下30%左右的内容，为了跟上讲课者的速度，手写会漏掉一些重要的限定词，省略掉一些关键的细节，所以手写也有改进的余地。

23. 使用哪种方法记笔记对信息的记忆最持久？
24. 根据教授的调查，刚上完课就测试时，哪类学生能想起更多的上课内容？
25. 用手写的方法记笔记有什么缺点？

26 ～ 30

干旱和旱灾从古至今都是人类面临的主要自然灾害，它们造成的灾难性后果仍然比比皆是。占我国国土面积百分之四十左右的北方干旱、半干旱地区的干旱化程度是最为严峻的生存环境问题之一。在去年年底刚刚结题的973个项目中，“我国生存环境演变和北方干旱化趋势预测研究”项目组的研究成果引人注目。

项目组提出的《关于我国北方干旱化发展趋势的预测报告》、《自然过程和人类活动对我国西北地区生态环境的影响报告》等一系列咨询报告，为我国北方生态环境建设和西部大开发战略的实施提供了重要的参考意见。

通过5年研究，项目组预测出来的结果是：未来50年间，如果我们对干旱化不进行干预的话，10到20年内，干旱还要继续下去，后一段时间，自然过程的变化会使干旱缓解。但是如果人类继续破坏下去，干旱化的趋势是不可缓解的。项目组针对未来的干旱变化情况，对我国黄河流域水资源状况、小麦和玉米产量的影响也作了一个评估，并且对截止到2030年从华北平原到东北南部地区缺多少水都有一个初步的估计。

2002年10月，项目组在吉林省通榆建立了一个参与国际全球协同强化观测体系的标准观测站，针对人类已破坏和未破坏的两种不同生态系统，观测地表和大气之间水分和二氧化碳等物质能量的变化，再考虑在不同生态系统管理条件下会产生什么变化。建立这个观测站是为了了解干旱化的过程，同时观察人为干预可以在多大程度上影响干旱化过程的发展。

干旱问题是一个非常复杂的科学问题，涉及到水、土、气、生物和人类各个方面的复杂因素，现在的理解还很不够。现在我国北方的观测站网年代都比较短，也非常稀疏，所以整个观测记录和观测资料都非常缺乏，这是我们这个项目进一步进行研究的最大障碍。

项目组主要通过古代环境信息资料进行研究，试图求证干旱化形成的条件。研究表明我国北方地区的干旱是一个长期的自然形成过程，青藏高原形成隆起以后，干旱期就已经开始有了。不过研究发现，干旱过程中有一个干湿振荡周期，尺度有千年的也有万年的。目前最令人关注的是近100年的变化，一系列新的和确凿的证据表明，最近50多年干旱的加剧过程非常明显，我国北方地区确实是在干旱化。

其次，项目组检测干旱化过程中，除了自然的干湿变动以外，人类起了什么作用？研究发现，除温室效应造成的全球变暖对我国北方地区干旱化造成了影响之外，我国北方地区不合理的土地和水的利用也是造成当地干旱化的重要因素。

此外，项目组的研究内容还包括干旱对当地的自然生态系统，如典型的树种、典型的草原以及小麦、玉米产量将产生什么样的影响，对总供水量有什么影响？通过大量的资料分析、模型计算，分析了干旱化对这些系统的影响以及这些系统在变化过程中所反映出来的自身的功能和结构变化。

26. 干旱、半干旱地区在我国国土面积中所占的比例是多少？
27. 建立标准观测站的目的是什么？
28. 项目组遇到的最大难题是什么？
29. 项目组主要利用哪些资料进行研究？
30. 研究发现造成我国北方地区干旱化的因素有哪些？

模拟试题九

第一部分

1～3

极光是天空中一种特殊的光，是人们能用肉眼惟一看见的高空大气现象，常常出现在地球的高纬度地区，主要是南极和北极。这种美丽的极光，是由高空大气中的放电辐射造成的。极光的色彩、亮度千变万化，美丽壮观，难以描绘。大气磁场和太阳风是形成极光的必不可少的条件。按照形态，极光分为5种：底边整齐微微弯曲的圆弧状的极光弧，飘带状的极光带，云朵一般的极光片，面纱一样的极光幔，沿磁力线分布的射线状的极光芒。

极光是由来自太阳风的经过磁层加速的沉降粒子，与高空大气成分相互作用所产生。因地球是一个巨大的磁体，磁力线从南北两极发出，形成无数个闭合的磁力线圈，地球就被这些无形的磁力线弧包围着。外层空间的高能粒子一旦被地球磁力线“捕获”，就沉降在两极地区，神秘的极光也就在这个过程中形成。

这些“拨动”地球磁力之“弦”的粒子，很大部分来自太阳，因此，研究极光对于了解地球外层空间结构、掌握空间天气、减少太阳风暴对地球的影响以及保障飞行器在外层空间的安全等，都有着重要的意义。

作为极区日地物理过程的最集中的表现形式，极光并非地球的“专利”，木星等太阳系中的有磁星体普遍具有这种现象，因此，研究地球极光，为研究其他行星奠定了基础。

专家认为，极区是一个人工难以实现的天然实验室，是地球开向外空的窗户，极区的观测研究在日地能量传输的研究中占有极其重要的地位。研究极地高空大气、极区电离层—磁层耦合与极光动力学，弄清极光粒子加速机制，定量地了解能量沉积将为进一步的定量研究日地系统能量传输过程奠定科学基础，为近地空间环境预报提供物理依据，同时对等离子体物理、磁流体力学、光化学以及非线性科学等一些基础学科的发展也具有重要意义。

在应用方面，电离层—磁层是各种应用卫星和空间站运行的主要区域，它们将提供“空间天气和气候”，同时对极区无线电通讯、导航的传播环境提供预测依据和应用指导。极光的综合观测研究对我国来说还是一个新的研究领域。

我国是世界上有最古老的极光记录的国家。但因地域限制，对这一重要的地球物理现象还缺乏开展系统的观测研究，只有极少数人员追踪国际研究前沿探索极光粒子加速的机理。随着我国极地考察的进展，通过极光综合观测，深入探索日地系统各层次间的相互耦合已提上日程。

1. 在地球上，极光常常出现在哪些地区？
2. 按照形态，极光可以分为几种？
3. 关于极光现象，下面哪种说法正确？

4～6

美国天文学家最近新发现一颗太阳系小行星，它是已知的小行星中离太阳最近的，也是目前已知的第二颗运行轨道完全处于地球公转轨道以内的小行星。

据最新一期英国《新科学家》报道，今年5月初，美国亚利桑那州洛厄尔天文台的布赖恩·斯基夫在进行“近地天体搜寻项目”的观察时，偶然发现了这颗小行星。

斯基夫说，“当时我立即注意到了它不同寻常的运动轨迹，确定它不是一颗普通的小行星”。他马上向设在马萨诸塞州坎布里奇的小行星中心通报了这一情况。该中心确认斯基夫发现了一颗新的小行星。

小行星中心进一步弄清了这颗小行星的特征和轨道。据估计，它的直径约为500米到1000米，每6个月绕太阳公转一周。公转轨道是一个比较扁的椭圆，与水星和金星的轨道交叉。

这颗小行星轨道的近日点离太阳不足5000万公里，比水星离太阳还要近；远日点则位于金星轨道与地球轨道之间。它运行到远日点附近某个地方时离地球最近，距离只有560万公里，但仍比月球到地球远10倍。

天文学家推测，这颗小行星应该源自火星和木星之间的小行星带。英国伦敦帝国理工学院陨星和行星科学系的马修·金恩说：“在这一地带，小行星的运行轨道一般都相对稳定，但在某种罕见的特定情形下，木星引力可能会使某些小行星逃离这一地带。漂移过程中，在火星和地球的引力作用下，小行星会离太阳越来越近。”

天文学家称，这颗小行星将成为大家争相研究的热门小天体。“近地天体搜寻项目”负责人爱德华·鲍厄尔说：“它之所以与众不同，是因为以与太阳的平均距离而论，太阳系天体中只有水星比它离太阳更近。”

人们已在2003年发现了一颗运行轨道完全处于地球轨道以内的小行星。鉴于现在又发现了一颗，天文学家推测，可能存在着离太阳更近、轨道完全处于水星轨道以内的小行星。

4. 这颗小行星绕太阳公转一周需要多长时间？

5. 在小行星带，小行星的运行轨道有什么特点？

6. 到目前为止，人们共发现了几颗运行轨道完全处于地球轨道以内的小行星？

7～10

一处泥火山群最近被科学家发现，专家说，这是目前中国发现规模最大的泥火山群。

专家一年前在考察乌苏市的旅游资源时，发现了位于天山北坡丘陵地带的36个正在喷发的泥火山。经研究确认后，他们向外界公布了这一发现。

这些泥火山口集中在白杨沟镇附近不到0.5平方公里的范围内，最大的直径达1.6米，小的有如蚕豆。泥火山的喷发口呈圆形和椭圆形等不同形状，有的深达1米以上，地下喷出的天然气和泥浆在喷发口不停地翻腾，喷发剧烈的山口每分钟喷发超过60次，喷发物有青灰色与褐红色两种，有的喷发物上面还漂浮着黑色的石油。

专家说，大约100万年以前，在压应力作用下，地下水、气体以及松软的岩层混合形成的泥浆，冲透了第三纪泥岩沉积物，沿着断层裂隙间歇性地喷出地面，形成泥火山这种自然奇观。在发现泥火山群的地方，还发现了大量化石。

“泥火山与喷发熔岩的火山有本质的区别，但从形成过程来说，两者是类似的”，熊黑钢教授介绍说，“从喷发强度上看，乌苏泥火山已经进入了弱势期，泥火山的喷发物处于常温状态。”

专家说，泥火山是断裂活动形成的罕见自然景观，世界上只有少数国家存在泥火山，中国台湾高雄地区也存在泥火山，但在规模和数量上不能和此次发现的泥火山群同日而语。

虽然这些泥火山被当地牧民用木栅栏围了起来，小心地避开以免牲畜陷入其中，但对当地的旅游业来说，泥火山无疑是独特而有吸引力的资源。正在制订中的乌苏市旅游发展规划，已经对泥火山群的保护开发做出计划。

乌苏市旅游局局长肖静说：“人们不可能到正在喷发的火山口去观测火山喷发，但在这里，他们可以看到与火山喷发类似的过程和景象。”

专家们期待着，中国最大规模、正在喷发的乌苏泥火山群，能够向人们展示地壳活动的奥秘、地下深处的奇特信息和神奇的自然景观。

7. 在发现泥火山群的地方，同时还发现了什么？

8. 乌苏泥火山的喷发物有什么特点？

9. 泥火山是如何形成的？

10. 当地牧民为什么把这些泥火山围了起来？

第二部分

11～14

每年“六一”期间，都是儿童观众“电影大会餐”的季节。粗略一算，今年的“会餐”格外丰盛：《我也有爸爸》、《男孩女孩》、《滑板梦之队》、《鹤童》、《豆丁奇遇》、《驴嘎上电视》等等，京川鲁粤南北大菜足足十几道。看来，可爱的孩子们口福不浅。

但是孩子们是否有如此大的胃口，能不能在一个节日里连续消受十几部电影，即使真的夜以继日地看下来，他们的“肠胃”是否有足够的消化功能，吸收这十几道“大菜”的营养？

儿童电影无市场，这不仅在中国，纵观世界各国无不如此。中国儿童电影制片厂尚属地球上绝无仅有的专为少年儿童拍电影的制片厂家。从某种意义上说，儿童电影消费一直受成人的制约，只有当成人受到感动，认为有必要让孩子或学生去受一次教育或健康娱乐时，儿童才会被动地走进影院。因此，聪明的创作者往往把他们的市场定位瞄在“两长”即：家长与校长上，如果从目标营销意义上讲，这无疑是明智之举。

然而，少年儿童是一个非常独特的观众群体，他们有着自己特殊的口味与情趣。一方面，他们的耐性较差，对冗长沉闷的影片提不起兴趣，（北京某影院放映《大转折》学生包场时，一小时后几乎所有学生都拥到休息厅打闹）；另一方面，他们的心理承受力又很有限，深层次的哲理、强烈的感官刺激似乎均属“少儿不宜”。所以，一味地考虑“两长”而忽视儿童娱乐特性的创作方法起码是对儿童观众的不尊重。

对于北京这样一个有千余万人口，三百万少年儿童的现代大都市，我以为应当有固定的少儿电影娱乐场所，计划经济体制时期留下的一座“儿童影院”早已夷为平地，而一般影院又因儿童专场票价低不能赢利而不肯经营，如此说来，倒真也怪不得每年“六一”儿童电影“大会餐”以及创作者的盯住“两长”不放了。

那么，经营儿童电影是否注定赔钱？说出大天我也不信！假如我是投资者，我一定在北京兴建一座“儿童电影娱乐城”，集电影、游艺、儿童餐饮、少儿商品购物于一体，搞出特色，创出品牌和知名度，不赚钱才怪。关键在于，人们的经营观念还没走到这一步。

11. 专门的儿童电影制片厂在全球共有几家？

12. 目前，儿童电影的市场定位瞄准的是哪些人？

13. 北京现在有几所儿童电影院？

14. 电影院为什么不愿经营儿童电影？

15～17

现代交通运输彻底改变了我们生活的世界。我们实现了现代科幻小说的奠基人儒勒·凡尔纳的梦想：从地球出发登上月球。我们正准备征服火星，我们关于距离的概念与我们祖先的大不相同，我们的先辈几个星期才能到达的地方，今天我们坐飞机几个小时就可以到达。在二百多年的时间里，我们从一个慢速社会进入到一个快速社会。现代交通运输扩大了不同国家之间的贸易，如今，我们的日常消费品有不少来自国外；现代交通运输使我们有可能探索地球偏僻的角落，开发地球资源，走得更快，走得更远。交通运输革命是人类历史上相对比较新的一项事业，甚至可以说是方兴未艾。

"一般来说，最早彻底改变了我们人类有关距离的概念的是用蒸汽做动力的交通工具，具体地说就是火车。多少年来，人们头脑中距离的概念是围绕着我们居住地的一个明显的标志而产生的，先是我们的房子，然后是我们房子周围的人家，随后是村落，是城镇，所有这些都表明我们生存在世界上一个很有限的空间里，我们存在的明显的标志是某棵树或某座房子。铁路的出现把这一切都改变了。最初看到铁路的人非常吃惊。他们说："铁路使距离不复存在，路程的长短不再成为一个问题。"

在当时，火车客车车厢是为有钱的人设计的。除提供其他方便外，铁路公司还为这些乘客安排到海滨旅游。那个时候，每座城镇都采用自己当地的时间。但是出于对铁路时刻表的尊重，它们都采用了铁路时间。于是标准时诞生了。

铁路与工业革命密切相关。铁路可以将原料迅速运往工厂，把成吨的货物从工厂运出。铁路对人们的日常生活产生了重大影响。它首先对我们每天生活所需要的用品产生了影响。比如说食品，在铁路出现之前，人们吃的新鲜食品不是自己生产出来的，就是在附近地区生产出来的，因为新鲜食品大多是容易腐烂的食品，无法长时间保存，也经不起长时间的运输。

由于有了铁路，人类攀登上了新的技术高峰。我们凿通大山，架起大桥，到达了以前人迹罕至的地方。

15. 最早改变人类有关距离的概念的是什么？
16. 在铁路出现以前，人们头脑中距离的概念是如何产生的？
17. 标准时间是如何诞生的？

18～21

过去100年来，我们的环境变化速度比人类历史上的任何时候都要快得多。我们现在生活的世界，恐怕连那些与我们相隔并不远的祖先们都不敢辨认了。

人类是从没有摩天大楼和汽车的环境中进化而来的，当时一个部落的人数不是以百万计，而是以百计。现在城市成了发展最快的人类栖息地。到20世纪末，人类已经有一半的人口居住在城市。人类正变成生活在城市里的物种。

城市改变着我们的行为。在城市里，我们不但说话的速度加快了，而且购物的速度、走路的速度也都加快了。对于人们的步行速度，在全球6个大陆都进行过调查，得出的结论是一致的，那就是，城市越大，人们走路的速度越快。在纽约繁忙的大街上，人们的平均步行速度每小时超过7.5公里，是生活在小村庄的人的两倍。

没有人能够确切地解释它的原因，它可能只是对超负荷的一种反应，但几乎所有城市居民都觉得需要加快脚步赶路。火车站的人成百上千，随时会有人挡住去路，但人们却能轻而易举地避免与别人相撞，同时保持每小时7.5公里的速度。

我们的生活节奏一度是由太阳和变化的四季来决定的，但现在不同了。现代城市中的科学技术使我们不再受自然的束缚，我们现在几乎可以在任何时间做任何事情。速度已经成为当代城市文化的一部分。与我们的祖先相比，我们生活的速度大大加快了。今天每个人每天的平均旅行距离是32公里，是20世纪50年代时的三倍。但我们干得越多，我们就越觉得时间不够用。我们甚至学会了少睡觉。在英国，人们的睡眠时间比20年前平均减少了半小时。

人们可能很容易得出结论说，速度会造成压力。但事情比这复杂得多。我们已经习惯了快节奏的生活，一旦停下来反而会有问题。城市人不但发现自己很难放松，而且许多人不愿放松。我们用我们做事的速度来衡量我们是否进步。人类的生产率是150年前的25倍，但我们不清楚我们真正得到的是什么。

我们快了还想更快，就连技术都很难满足我们的要求。迄今为止我们在适应环境方面已经显示出很强的能力，但是随着变化速度越来越快，我们可能处在把自己卷入速度和压力漩涡的危险之中。

18. 20世纪末，城市人口占人类总人口的比例是多少？
19. 对人们步行速度的调查得出了什么样的结论？
20. 以前我们的生活节奏曾经是由什么来决定的？
21. 作者对人类生活节奏的加快持一种什么态度？

22～25

“19世纪时，当一些人看到其他人急急忙忙地赶公共汽车，后来是赶火车，感到很不习惯。这种急急忙忙的动作在当时是一种新的现象，因为许多世纪以来，人们都是从容不迫地走路，大家外出远足也都是以不把自己搞得很累为前提。一些人走在路上那样匆匆忙忙，气喘吁吁的，让有些人看了很不习惯，感到吃惊。人们闲庭信步式的走路方式又持续了几十年。直到1910年，法国巴黎的警察局长在巴黎交通状况的报告中仍然指出存在着这样的情况：有些人在横穿大马路的时候还继续把头埋在报纸里。”

1860年出现了最早的自行车，20世纪初自行车成了道路上常见的交通工具。自行车是劳动阶层买得起的第一种交通车辆，很久以后他们才开始买得起汽车。19世纪中叶道路上出现了运输人的机动车辆——这就是最早的汽车。

“最初，汽车是一种让人感到害怕的交通工具。最早的汽车采用的是蒸汽动力，蒸汽机噪声很大，人们担心它会爆炸，会出事。当时英国通过了一项法案，叫做《红旗法》。它规定，在白天，所有的汽车前面必须有一个人手持红旗步行开道，夜晚汽车前面必须挂上灯笼。很显然，汽车的潜力在当时没有充分发挥出来，因为它们只能以步行速度行驶。”

随着比蒸汽发动机重量轻而功率又大的内燃发动机的问世，汽车工业才开始真正发挥出威力。

“在汽车工业大发展的初期阶段，拥有汽车的人可以分为两类：一类是富人，对于这些人来说，汽车是一种时髦的消费品，是一种自己能买得起而别人买不起的新奇而又高档的东西，而且还能使自己做到以前做不到的事情；另一类是为了工作而买车的人，例如医生。在当时，医生还不属于富裕阶层，但他们却属于非富裕阶层的第一批汽车购买者，他们买车是因为在那个时候，医生要上门看病，一位医生在一天的时间里诊治的病人越多，不仅对病人有好处，还能增加医生的收入，自己开汽车上门看病当然比坐马车要理想得多了。”

在美国，1908年，亨利·福特采用生产线方式生产汽车，从而使汽车进入了大批量生产的时代。在20年的时间里，1500万辆T型福特车从生产线上开出。有些人担心这些汽车会使公路上的马受到惊吓，福特理直气壮地驳斥这些人说，用不了多久汽车将会取代所有的马车。T型福特车的价格从825美元降到315美元，人们驱车上路，速度可以达到过去不敢想像的每小时30公里，实现了行动自由。

22. 劳动阶层买得起的第一种交通工具是什么？
23. 最早的汽车以什么为动力？
24. 在汽车工业大发展的初期阶段，拥有汽车的是哪两类人？
25. 采用生产线方式生产汽车开始于哪一年？

26～30

提起爱斯基摩人就会联想到他们住在雪屋中，其实这是非常片面的。实际上有四分之三的爱斯基摩人都没见过这种雪屋，常年住在雪屋的只是极地爱斯基摩人。由于没有木材、草、泥，他们只能就地取材，用雪块建造房屋。

建造圆顶雪屋需要一定的技术，要求力学上的稳定，外形要求也颇为严格。有经验的爱斯基摩人建成的雪屋堪称建筑上的杰作。建造雪屋所用的雪块并不是随便可取的，要选择质地均匀、软硬度合适的雪块。建造者先用工具探试雪层中有无冰层和空气，最合适的是选择风吹积而成的雪块。雪块的大小视雪屋大小而定，屋子越大雪块相应切得越大。建造者先估算起始圈的大小，用三块相连的雪块砌出一个坡度，作为螺旋形雪墙的起头。每一块雪砖呈立方体，但作为里层的一面有一定的弧度，形成圆弧状，每块雪砖要做到精确吻合，使雪屋坚固而不至于倒塌。建造的过程中，建造者是在里头砌墙，当砌到二层或三层砖时，在一边要开一个供建筑期间临时用的出入口。如果雪砖不够用，建造者从里面爬出来，再把砖运进去。有了一定的高度之后，一般是砌到四五圈，突然向里增加倾斜度，开始封顶，并按照顶孔的大小仔细切出最后一块砖，将顶孔封死。然后在底部挖出一个门。挖门要选择在不影响基础雪砖的地方。屋顶上要开一个通气孔，以免屋内过热使雪砖融化。建好雪屋后，把睡觉的地方垫高，方法是把一边的雪堆到睡觉的地方，再铺上兽皮等物。

爱斯基摩人通常要在入口外挖一个雪下通道。这个通道从两方面保持室温：第一，由于通道在雪下，因而风、冷空气不能直接进入屋内；第二，由于采用地道入口，暖空气向上聚集在屋内，人睡觉的地方就暖和多了。爱斯基摩人常常半赤裸地睡在圆顶雪屋内，室内温度由他们的体温或点燃煮食用的小油灯来维持在约16℃以上。屋子顶部必须保持开着一个孔，以供通风而不使内壁融化。

以上是建造圆顶雪屋的一般方法，具体细节各人有所不同，传统爱斯基摩人要花上几年的时间观察练习，才能掌握盖雪屋的技术。一个能干的建造者在1小时内能建好供三四人居住的雪屋，这速度是非常快的了。一个人选料，切雪砖，搬运，又是在零下几十度的寒冷天气下完成这一切，只有爱斯基摩人才能做到这么好。

26. 极地爱斯基摩人为什么用雪块建造房屋？
27. 建造雪屋对雪块有什么要求？
28. 雪屋的屋顶上为什么要开一个通气孔？
29. 在雪屋的入口外挖雪下通道的作用是什么？
30. 雪屋的室内温度可以达到多少度？

模拟试题答案

模拟试题一

1. C　2. C　3. A　4. B　5. C　6. D　7. C　8. D　9. B　10. C

11. 北京、上海、广州、成都。

12. 取之社会，造福社会。

13. 代表们呼吁，虽然对于整个儿童福利事业来说，一家企业的帮助可能效果有限，但更多企业能加入到这一有意义的公益活动行列，尽一份力，让孩子们感受到社会的关爱，一个让孩子健康成长的美丽世界并非遥不可及。

14. 我眼中的美丽世界。

15. 我们的科学普及应该有无孔不入的本领，从儿童玩具到日常生活、工作用品，能渗透的地方都应渗透。

16. 科普教育中玩儿的含量太少。

17. 增加玩儿中的科技内容和科技教育中玩儿的成分，把学科学变得更有乐趣。

18. 邮票发行量太小，就会“买票难”；量过大，则会没人买。

19. 中国邮票的声誉在世界上受到损害，集邮者以及中国新邮代理商的利益受到损害，许多人退出了集邮队伍，集邮企业的生意非常艰难。

20. 为了搞活邮市，邮电部采取了一系列措施，主要包括实施“增套减量”的方针、销毁部分库存的滞销邮票等。

21. 亏损。

22. 中华文化的孝文化精神在清明节中得到了最大的体现。

23. 周代。

24. 禁烟火，吃冷食。

25. 两个节日在时间上离得较近。

26. 心率。

27. 130 ～ 160 次。

28. 110 ～ 130 次。

29. 运动量偏大。

30. 10 分钟左右。

模拟试题二

1. B　2. C　3. D　4. B　5. C　6. D　7. A　8. B　9. D　10. B

11. 都市人消费观念的日渐成熟与理智。

12. 租赁业存在于消费领域、生产设备租赁以及整个企业租赁经营。

13. 租赁业能使社会财富得到充分的利用，使人们的暂时需要得到满足。

14. 看到许多人在车站旁的饭馆前排队，等着吃热面条。

15. 怀疑。

16. 便于储存，能很快变软，味道更好。
17. 市场开发空间相当大，这是方便面得以获得市场成功的重要原因。
18. 能大大缩短树木的生长期。
19. 保护生态和发展林业工业一直困扰着这里。
20. 由于生态公益林的扩大和天然林资源保护工程的实施。
21. 上世纪 90 年代末。
22. 因为还要保证一部分需求。
23. 打火机使用方便、原材料来源丰富、可多次使用、可回收。
24. 火柴盒上的图案。
25. 被其他引燃物取代。
26. 1984 年。
27. 近千年。
28. 是我国第一座以考古学文化命名的博物馆。
29. 57 公里。
30. 明代。

模拟试题三

1. B　2. A　3. C　4. D　5. B　6. D　7. C　8. C　9. D　10. D
11. 市文物局所属的 16 家博物馆对中小学生一律免票。
12. 因为需要买门票。
13. 展览大厅里总是空空荡荡的，显得十分冷清。
14. 对中小学生免票所带来的社会效益，远远高于博物馆损失的经济效益。此外，参观的人多了，对于提高那些博物馆的知名度也大有好处。
15. 六边形。
16. 工蜂。
17. 女王。
18. 可以避免人类的骚扰和天敌的侵害。
19. 用冰来制冷。
20. 因盐水冷却管漏水、制冷系统失灵而造成羊肉变质。
21. 向节能、不污染环境的方向发展。
22. 祝贺明明考上了北京有名的工业大学。
23. 都是进口的。
24. 失望。
25. 眼下某些洋货冲击国内市场，一些人崇外思想较重。
26. 320 种。
27. 由于实施了“天然林保护”工程。
28. 除利用新闻媒体进行广泛宣传外，有关部门还深入到乡镇街道、偏远林屯和林场向人们宣传《森林法》《野生动物保护法》等法律法规。

29. 组织执法人员深入到各交通要道进行检查。
30. 15 个。

模拟试题四

1. C 2. B 3. A 4. C 5. C 6. C 7. D 8. D 9. A 10. B
11. 是自己花钱买的。
12. 他冤枉老农了，他掉的东西不是老农捡到的，而是另有其人。
13. 当时赔他钱，是因为他太可怜了，儿子出了车祸，他要供养两个孙子上学，就算是做点善事吧。
14. 很高兴。
15. 北京人的生活。
16. 1952。
17.《柳树井》。
18. 武夷山包括武夷山风景区和自然保护区。
19. 武夷山自然保护区是我国东南现存面积最大、保留最为完整的亚热带森林生态系统。
20. 武夷山市已成为福建北部的旅游、经济和文化中心。
21. 人工繁殖。
22. 受到法律的严格保护。
23. 森林是陆地生态系统的主体，对维持陆地生态平衡起着决定性的作用。
24. 27%。
25. 全球荒漠化。
26. 不留情面地批评一通。
27. 对腰腿臂腕的力量都有很高的要求。
28. 由于年龄和工作的关系。
29. 出门转一圈，气消了再回来。
30. 钱是为人服务的，只要用在有价值的地方，多些少些不用过分计较。

模拟试题五

1. A 2. A 3. B 4. C 5. B 6. C 7. A 8. A 9. B 10. C
11. 有收藏、展示、科研等多种功能。
12. 黄河入海口两侧新淤地带，是多种鸟类迁徙的重要中转站、越冬栖息和繁殖地。
13. 58 种。
14. 13 处。
15. 外观老化、积满树叶和灰尘、车窗破碎。
16. 不仅造成交通拥堵，还可能自燃，毁坏公共财物。
17. 车主联系不上、车主拖延等。
18. 建立根据车辆状况估价的合理评估体系。

19. 1947 年。
20. 由于体积大，价格贵。
21. 美国、日本、韩国。
22. 节能产品。
23. 比旺季购买时价格便宜。
24. 对于知识投资，主要投在我和儿子身上了，儿子需要买书，我们从不心疼。我自费参加计算机和英语学习，知识是金不换，用知识充实自己，不亏本。
25. 要考虑实用性，不要盲目地攀比。
26. 水仙的挑选和种养方法。
27. 近四百年。
28. 45 天左右。
29. 水分太多，阳光照射不足。
30. 养水仙水质清洁非常重要。

模拟试题六

1. C　2. A　3. B　4. D　5. B　6. B　7. D　8. A　9. D　10. C
11. 两个。
12. 一些主要交通路口和流动人口密集区。
13. 17 种。
14. 在高温出现前 2 至 3 小时内。
15. 16. 55%。
16. 我国林业发展战略将实现木材生产为主向生态建设为主的转变。
17. 360 多人。
18. 因生活所迫，随亲戚赴美国旧金山谋生。
19. 由于螺旋桨桨轴螺丝拧得太紧，致使桨根断裂。
20. 助手及两架飞机。
21. 尘土被吹到了别的地方，周围乌烟瘴气的。
22. 体积很大，清扫街道的时候用马拉到街上，长长的管子像巨蟒，机器一开动，声音大得吓人。
23. 轻便、噪声低。
24. 不少单位申报的积极性很高，从领导层到下面的工作人员，都十分重视创绿工作，绝大多数都志在必得。
25. 硬件设备和环境上无可挑剔，但在环境教育上明显存在不足，并没有真正了解“绿色”的意义，而只是简单地将它等同于“绿化”。
26. 讨论如何解决废旧手机污染环境的问题。
27. 进行二次使用。
28. 废旧手机破坏环境和损害人类健康的警告。
29. 十分之一。
30. 预防手机通话的噪声问题。

模拟试题七

1. D　2. B　3. C　4. B　5. C　6. A　7. C　8. B　9. A　10. D

11. 解决了洗衣缠绕和洗涤不均的难题。
12. 搅拌洗衣机因技术复杂，难度大，国内一直没有生产。
13. 美国设计大师。
14. 南方。
15. 这儿和任何现代化的建筑都不一样，两间平房极为简单，办公用品极为普通。
16. 教师。
17. 用化工方式生产的。
18. 成本太高。
19. 这种植物塑料的最大优点是其废弃物易于处理。
20. 国家实施助学贷款，但少数大学生没按时还款，而银行又找不到这些大学生。
21. 教育和处罚。
22. 可以扩大到交税记录和就业记录等。
23. 想学着写文章，以充实晚年的精神生活。
24. 两次。
25. 无奈。
26. 全球变暖是一种周期性气候的结果，近年来的气温升高可能与工业社会中的人类活动没有太大的关系。
27. 600 多年。
28. 由于葡萄的收成与温度有关，葡萄收获的时间越早，收成越好，说明当年夏天的气温越高，当年的平均气温也高；反之，则说明当年的平均气温越低。
29. 降温。
30. 地球排放的污染物。

模拟试题八

1. C　2. B　3. D　4. B　5. A　6. C　7. D　8. B　9. A　10. C

11. 目的是研究地球气候的变化。
12. 冰冷异常。
13. 都证实了气候变暖的势头。
14. 南极。
15. 80 多个。
16. 参观的多，抢购的少。
17. 第一次。
18. 两年前。
19. 是一个超大规模的中外影视经典作品集成。
20. 国家颁布的中小学教育大纲和少年儿童心理发育特征。
21. 浙江、湖北、湖南。

22. 在一个相当长的历史时期内，读书将会与“读电子”共存。
23. 用普通方法手写。
24. 用打字法记笔记的人。
25. 手写会漏掉一些重要的限定词，省略掉一些关键的细节。
26. 百分之四十。
27. 为了了解干旱化的过程，同时观察人为干预可以在多大程度上影响干旱化过程的发展。
28. 观测记录和观测资料都非常缺乏。
29. 主要通过古代环境信息资料进行研究。
30. 温室效应造成的全球变暖、我国北方地区不合理的土地和水的利用。

模拟试题九

1. C　2. B　3. D　4. C　5. A　6. B　7. D　8. A　9. C　10. B
11. 一家。
12. 家长和校长。
13. 一所也没有。
14. 因为票价低，不能赢利。
15. 火车（的发明）。
16. 是围绕着居住地的一个明显的标志而产生的。
17. 当时，每座城镇都采用自己当地的时间。但是出于对铁路时刻表的尊重，它们都采用了铁路时间。于是标准时诞生了。
18. 一半。
19. 城市越大，人们走路的速度越快。
20. 是由太阳和变化的四季来决定的。
21. 担忧。
22. 自行车。
23. 蒸汽。
24. 一是富人，二是为了工作而买车的人。
25. 1908 年。
26. 由于当地没有木材、草、泥，只能就地取材。
27. 质地均匀，软硬度合适。
28. 以免屋内过热使雪砖融化。
29. 为了保持室温。
30. 16 度以上。